#NITANSOLA

*Este libro va dedicado a todas las personas
que creen en el amor y que saben que
el más importante es el amor propio.*

Pepe & Teo

AGRADECIMIENTOS

 **PEPE:**

Gracias a Gil Camargo.

Gracias a todas las personas que me enseñaron
lo que verdaderamente es el amor: Juana, Daniel,
Nadia, Rocío, Karla, Christiann, Gaga, Ariana,
Oprah, Ru, Hedwig, Barbra, Yalitza, Micha, Mina,
Charly y César.

 **TEO:**

A mamá, por siempre estar, en las buenas y en
las malas, y seguir acompañando mi vida y mi
corazón a cada paso que doy. Que nos encontremos
nuevamente en el infinito para seguir juntos, como
ha sido hasta hoy.

PEPE y TEO

#NITANSOLA

© 2020, Pepe
© 2020, Teo

Prólogo: cortesía de Pedro Sola

Diseño de portada: Planeta Arte & Diseño
Fotografías de portada: Beatriz Sokol
Asistente de fotografías: David López García
Lettering 3D: Bate
Diseño de maqueta original: Christophe Prehu
Diseño y formación de interiores: Sandra Ferrer
Ilustraciones: Ross Marisin

Derechos reservados

© 2020, Editorial Planeta Mexicana, S.A. de C.V.
Bajo el sello editorial PLANETA M.R.
Avenida Presidente Masarik núm. 111,
Piso 2, Polanco V Sección, Miguel Hidalgo
C.P. 11560, Ciudad de México
www.planetadelibros.com.mx

Primera edición impresa en México: junio de 2020
ISBN: 978-607-07-7039-5

Impreso en los talleres de Litográfica Ingramex, S.A. de C.V.
Centeno núm. 162-1, colonia Granjas Esmeralda, Ciudad de México
Impreso y hecho en México – *Printed and made in Mexico*

Índice

UN MENSAJE DE PEDRITO SOLA

Amigos, ¿qué es el amor?

Algunos lo buscan toda la vida y nunca les llega, a otros les llega varias veces, o como cantaba Quinceañera: «El amor me llegará, algún día y en cualquier lugar». Nunca se sabe.

Yo me apellido Sola y afortunadamente nunca lo he estado, ¡porque me tengo a mí! Como decía un amigo cada vez que me presentaba: «Es Sola, pero no quedada». Y sí, sucede a veces.

Para mí, lo importante en una relación de pareja es muy simple: tolerancia. El respeto, el entendimiento mutuo y la tolerancia mantienen el amor. La pasión termina pronto, al amor hay que cuidarlo, arroparlo y alimentarlo. ¿Cómo? Eso está en cada uno de nosotros, de manera individual, con nuestra propia forma de ser y de sentir.

Pedrito Sola

«If you can't love yourself, how in the hell you gonna love somebody else? Can I get an amen!».

«Si no puedes amarte a ti mismo, ¿cómo demonios vas a amar a alguien más? ¡Digan amén!».

Mamá Ru
(RUPAUL CHARLES)

¡Hoooooooli de nuevo!

Estamos felices de estar entre tus manos una vez más.

Si este bebé te llegó como un obsequio, entonces esa persona, como nosotros, quiere lo mejor para ti (dale las gracias profundamente). Si lo estás hojeando, quédate con él, ya que no importa si eres soltero o estás en pareja: vas a encontrar amor, aprendizaje, sabiduría y consejos que te servirán toda la vida.

Sin importar el motivo por el que nos estás leyendo, estamos seguros de que este libro es otra estupenda guía para cuidar y transformar tu relación de pareja a partir del amor propio.

¡Bienvenidxs todxs!

Antes de entrar de lleno: si ya disfrutaste

La estupenda guía para vivir la vida a tu manera

o si has visto alguno de nuestros videos, entonces sabes cómo somos tus tías Pepe y Teo. Pero si no nos conoces, permítenos entrar por la puerta grande a tu corazón:

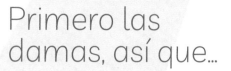

Primero las damas, así que...

Hola, amikes. ¡Yo soy PEPE!

El yin del dueto más **FABULOSO** de YouTube: la única diva de las redes sociales, la primera actriz y la más talentosa.

No sé si lo sabes, pero te cuento rápido: por el momento mantengo una relación abierta, es decir, tengo una pareja estable e increíble, pero puedo seguir compartiendo mi ser con otros seres.

Como base de esta decisión personal y de pareja, está el poderoso e inigualable sentimiento del **amor propio**. Porque eso sí: con o sin relación, ¡no me abandono ni me dejo de cuidar a mí mismo!, pues soy el único con el que siempre voy a contar.

—¡Te amo, Pepe!
—¡Y yo a ti, Pepe!

Independientemente de mis relaciones sentimentales, **el amor propio** ha sido un apoyo constante para saberme hermoso, conocer mi potencial y aceptarme tal y como soy: ¡una chingona! Y junto con mi hermana, voy a compartir contigo esta hermosa energía en forma de libro.

¡Ahora sigue la reina!

Yo soy TEO.

El yang que complementa esta **FANTÁSTICA** dupla: la gran señora que levanta la ceja para dejar el comentario astuto, calculador y gracioso.

Debo señalar que yo también estoy en una relación de pareja, pero es una relación cerrada: solo de dos personas. Algo más recatado, así me gusta.

Desde que descubrí el poder del **amor propio**, y sin importar mi situación de pareja (¿te acuerdas de cuando era presidenta del #SoySolaArmy?), me he mantenido dueña de mí, gobernada, poderosa y, lo más importante, profundamente feliz.

Porque más allá de los retos personales o de pareja que he superado, te puedo asegurar que **amándome a mí mismo** es como he compartido intensamente **cada segundo, cada parpadeo y cada latido** con las personas que más amo en mi vida.

PEPE: *SE DESMAYA DE AMOR*.

TEO: AY, NO ESTUVO TAN CURSI, ¿O SÍ?

Ya muy presentados, déjanos compartirte el poder del **AMOR PROPIO** en este maravilloso material de lectura y arte que tienes en tus manos.

¿QUIERES ESTAR SOLx?

¿QUIERES PAREJA?

¿LO TUYO ES DARLE AMOR A TODxS?

¡NO BUSQUES MÁS! ESTE HERMOSO LIBRO SERÁ TU MANUAL DE AMORES.

¿Listo para comenzar este viaje que será doblemente increíble?

¿Qué es el amor propio?

Primero lo primero, conozcamos este concepto. En palabras de los doctores expertos en temas del amor, o sea, nosotros:

El amor propio es esa energía hermosa que sientes por ser tú mismo en cualquier lugar, circunstancia y situación sentimental en que te encuentres. Reflejas este invaluable sentimiento con el ejercicio diario de respeto, cuidado y cariño que procuras para ti mismo y, después, para todas las criaturas que te rodean.

EL AMOR PROPIO ES LA RELACIÓN MÁS LARGA E IMPORTANTE QUE VAS A TENER EN TODA TU VIDA.

Y aunque sabemos que a veces se te olvida lo maravilloso que eres, nosotras, tus tías favoritas, estamos aquí para recordártelo. Porque si nosotras nos amamos a nosotras mismas incondicionalmente (y mira que no somos moneditas de oro), tú, que estás leyendo estas líneas, serás capaz de amarte tanto como amas a cualquier otro ser de este planeta.

¡Vamos paso a paso, comadre!

AUTOCONOCIMIENTO

Algo muy importante para llegar al amor propio es aprender a conocerte: qué, dónde y cuándo te gusta, y también debes tener claro lo que no te gusta. No debemos permitir que los demás nos impongan sus filias si no estamos de acuerdo, así que autoconócete, explórate y descubre por qué te quieres tanto.

¡Es clave!

Y no hablamos solo de ese autoconocimiento que se hace con la mano, ¡cochinas! El conocimiento del propio cuerpo es vital y delicioso, pero eso lo trataremos después; en este momento hablamos de voltear los ojos y verte pa' dentro, echarte un clavado en tu interior para saber cómo andas de tu mente, emociones, organismo y espíritu.

¡No tengas miedo de conocerte!

Todos los seres humanos tenemos defectos y virtudes.

Mírate bello, desnudo, y examina los tuyos.

Cuentas con cosas positivas y negativas, debilidades y fortalezas que te integran como la persona especial que eres.

**¡TODOS SOMOS DIFERENTES,
TODOS SOMOS ÚNICOS!**

Aquí no vale mentirse, debes hacerte toda clase de preguntas (a veces incómodas) para conocerte.

¡Esto es el inicio para valorarte y quererte tal como eres!

Es de suma importancia que seas constante, ya que cambias con el tiempo sin darte cuenta. Pero si te observas de manera honesta, sin importar si estás solo o en pareja, siempre tendrás una relación feliz contigo mismo y, posteriormente, con otra(s) persona(s).

¿Estás listx para ser de nuevo esa persona llena de amor por ti y por el resto del mundo?

¡PUES YA DALE VUELTA A LA PÁGINA, HERMANA!

¡SIN EMBARGO!

¡SIN EMBARGA!

¡SIN EMBARGUE!

¡SIN EMBARGX!

En este hermoso libro, únicamente vamos a hablar del amor propio cuando las circunstancias de la vida te llevan a una relación amorosa. Es decir, vamos a tratar temas del amor propio, pero desde esa disfrutable y enriquecedora situación de estar con alguien. Ahora que si andas solterx:

1. Consigue **#SoySola** y entérate de nuestros consejos para disfrutar la soltería plenamente.

2. Préstale este a tus amikes que tengan pareja y observa cómo aumenta su amor por ti.

 CUANDO TERMINES, TE ESPERAMOS DE VUELTA POR ACÁ, YA QUE ES IMPORTANTE QUE ENTIENDAS SIEMPRE LOS DOS LADOS DE LA MONEDA.

 Y SI TE QUEDAS AQUÍ, UNA VEZ TERMINADO ESTE LIBRO, ¡VAS POR EL OTRO!, ASÍ NO TE AGARRAN EN CURVA CUANDO NO TENGAS PAREJA.

Capítulo

1

AMOR
PROPIO

Conócete
de principio a fin

EL AMOR EMPIEZA EN UNO.

¡Viva el amor propio!

Te queremos preparar para
una relación amorosa-sentimental-
psicoafectiva-conyugal, así que hay
que hablar de lo más importante
en la vida:

TÚ

Notita: Aquí termina la información compartida, ahora sí, ¡a disfrutar la vida en pareja!

AMOR PROPIO

TEO

T ENTONCES, TOMA NOTA: AQUÍ TRATAREMOS EL AMOR PROPIO CUANDO ESTÁS FELIZMENTE EMPAREJADO.

P PARA CONOCER SOBRE EL AMOR PROPIO EN UNA RELACIÓN ABIERTA, LIBERAL, CONTEMPORÁNEA Y MODERNA COMO LA MÍA…

O SI DESEAS SABER TODO SOBRE UNA RELACIÓN DE PAREJA CERRADA, MÁS «TRADICIONAL» Y CON LA BENDICIÓN DE JESUCRISTO, COMO LA MÍA, ENTONCES QUÉDATE ACÁ.

SI ESTÁS RODEADO DE SOLTERÍA, RECOMIÉNDALES #SOYSOLA, PERO TÚ TAMBIÉN ÉCHATELO, ASÍ TAMBIÉN DESARROLLAS EMPATÍA CON TUS AMIKES DEL #SOYSOLAARMY.

Y CREAMOS UNA COMUNIDAD EN CONSTANTE ENTENDIMIENTO Y ARMONÍA.

RECUERDA QUE SIN UNO NO HAY DOS…

NI TRES, O LOS QUE QUEPAN EN TU CORAZÓN.

PEPE

21

Amiga, date cuenta.

El amor propio es la base de la estabilidad emocional. Ámate a ti y luego a todos los que quieras. Si estás en este viaje es porque tienes pareja, y si tienes pareja...

¡Felicidades, hermana, has encontrado al amor de tu vida!

Ya no necesitas nada más porque, como dijeron los cuentos de hadas, cuando encuentres a tu príncipe azul tendrás el mejor desenlace para tu vida:

Y vivieron felices para siempre.

THE END

TEO: ¡OBVIO NO ES CIERTO!

PEPE: ¡CÓMO CREES! ¡HAY MUCHO QUE APRENDER! Y APENAS VAMOS EMPEZANDO...

Lo que leíste en los cuentos de hadas y en las historias románticas no es del todo cierto. El amor y la felicidad no llegan con una pareja. Sí, hemos querido cantar y dar vueltas mientras los animalitos del bosque nos visten con ropas hermosas, pero eso no es amor de verdad.

EL AMOR Y LA FELICIDAD EN UNA RELACIÓN, COMO EN LA SOLEDAD, SE CONSTRUYEN PASO A PASO.

Sabemos que nadie te ha explicado esto a detalle, pero para eso estamos tus tías. Para decirte cómo **ENCONTRAR O MANTENER UNA RELACIÓN SANA...**

...CONTIGO, estando en pareja. Porque como también les decimos a nuestras hermanas solteras: **si no te amas a ti, no amarás a nadie más de una forma sana.**

Así que si armaste tooooodo un show para llevar a tu pareja hasta el altar, lamentamos decirte que puede que se te caiga el evento en algún momento, a menos que trabajes ¡y trabajen! mucho en su amor propio.

Spoiler alert: SI NO ESTÁS SANA EN EL CORAZÓN Y EN LA MENTE, ¡¡¡PODRÍAS ARRUINARLO TODO!!!

PEPE: BUENO, NO ES CIERTO... SÍ ES CIERTO... VEMOS.

TEO: CON NUESTROS TESTIMONIOS TE GUIAREMOS EN EL CAMINO DEL AMOR PARA ESTAR EN UNA RELACIÓN COMPARTIENDO TU MEJOR YO.

#Secretodeamorcompartido:

Lee este libro con tu pareja, pegaditos, en turnos, telepáticamente, o pásale todos los tips. El trabajo es de dos.

TEO: PORQUE RECUERDA QUE UN AVIÓN NECESITA DOS ALAS PARA VOLAR.

PEPE: AY, SEÑORA, YA SIÉNTESE Y DISFRUTE EL VUELO.

PRIMERO LO PRIMERO

Vamos a empezar por decir lo que ya repetimos muchas veces, pero debes entender cabalmente: **no necesitas a alguien más para ser feliz.** Nadie puede completarte; así como eres, una, la más, la mejor, estás perfecta. Recuerda que si estás en una relación es porque tú decidiste estar con alguien más y compartir esto que se llama vida con otra persona.

TEO: NO NECESITAS UN COMPLEMENTO NI MEDIA NARANJA PORQUE TÚ ERES LA NARANJA COMPLETA. MÁS BIEN, TÚ TAMBIÉN ESTÁS BUSCANDO OTRA NARANJA COMPLETA... O UNA MANZANA, UN KIWI, UN RABANITO; LO QUE QUIERAS, BEBÉ.

Para poder amar a cualquier otra persona con la que quieras establecer un noviazgo, matrimonio o familia, deberás comenzar por amarte a ti, aceptarte a ti y encontrarte a ti antes que nada y a nadie. Esto es porque a través del amor propio podrás ofrecer un amor real, poderoso y lleno de libertad, dispuesto a celebrarse diariamente al lado de la persona con la que estás comprometida.

Míralo de esta forma:

Si fomentas tu amor propio, independientemente de tu pareja, vas a poder entablar relaciones humanas exitosas, sanas y llenas de aprendizajes que te ayudarán a crecer de muchas formas.

PEPE:

¡DE NADA, AMIGA!

Ámate, ámalx, ámense: el proceso del éxito de una pareja

TEO: COMPARTIR TU VIDA CON ALGUIEN NO ES EL FINAL DEL TRAYECTO, SOLO ES PARTE DEL CAMINO.

PEPE: Y ESTE CAMINO DE LA VIDA... ES LAAAAAAAARGO.

Porque al final, lo que buscamos es la felicidad y nuestra pareja solo debe ayudarnos a conseguir y mantener esa felicidad.

Eso es lo que definiría una relación exitosa, la cual tiene mayor probabilidad de suceder si tu pareja y tú se aman a sí mismos primero y luego entre ustedes. En consecuencia, esto te dará la seguridad y estabilidad que toda pareja requiere:

 Sentimental

Económica

Intelectual

Psicológica

 Social

Estos son los pilares fundamentales que tienen que cubrir a nivel personal. Como pareja pueden ayudarse, si se requiere, para que cada quien sienta amor tanto por sí mismo como por los demás.

LAS CHARLAS DE PAREJA

Lo que se tiene que hablar es entre dos. Antes de contarles a tus amigos o personas de confianza, primero acude con tu pareja y comunícale todo lo que creas necesario.

Escucha y haz críticas constructivas para mejorar la relación

Este es un punto crucial: ten la capacidad de asimilar las críticas. Si tu pareja te ama tanto como tú a ella, seguramente quiere ayudarte. De igual forma, tú haz lo propio hacia él o ella.

No des importancia a los comentarios desafortunados

Si tu pareja te hace comentarios fuera de lugar o de contexto, hazle saber cómo te hacen sentir para que no repita esa conducta. Recuerden llevar su relación con respeto y amor. Si los comentarios negativos vienen de fuera, ignórenlos.

Pon atención a los comentarios positivos y dáselos a tu pareja

Las palabras bonitas suelen nacer del amor y pueden identificarse por el tono o el contexto en que se dicen. Si tu pareja te dice cosas lindas (y perversas), haz lo mismo. Si los comentarios positivos vienen de fuera, acéptenlos y siéntanse la pareja más hermosa del ejido.

Ríanse de ustedes mismxs

Ríete de tus defectos y de tus virtudes. Esto hará que tu pareja sienta tu seguridad, y ella te mostrará las cosas de las que puedes reírte. Conocer sus secretos y sus momentos más vergonzosos creará un vínculo poderoso entre ustedes. ¡Ríanse juntos de ustedes mismos!

Ojo: no te rías de aquello que sabes que molesta a tu pareja. Respeta y ayuda a que construya su amor propio.

Comuníquense y platiquen todo lo que quieran

Si ya hablas solo como loco, ahora tienes a alguien con quien compartir tus pensamientos. Aprovéchalo y hazlo cuando creas necesario. Esto no quiere decir que debas contarle todo a tu pareja: respeten su individualidad y dense espacios.

29

#Secretodeamorcompartido:

una de las mejores maneras de comunicarse y fortalecer la relación es chismear. Sí, cuéntale los chismazos de la oficina, escucha lo que dijo alguien en la escuela y acompáñense a chismear esa triste historia.

~~El chisme~~ **La comunicación** es la clave de una buena relación.

Y por último, lo más importante:

Conócete a ti mismo, déjate conocer, conoce a tu pareja y conozcan su relación.

En ese orden. Primero debes estar seguro de quién eres en este momento de tu vida. Luego deja que tu pareja conozca esos errores y virtudes que te forman como persona. Después conoce a tu pareja, con todo y mañas, habilidades, vicios y aciertos.

Obviamente se van a conocer al mismo tiempo, pero para ti siempre debes estar primero tú, ¿ok? **Y por último:** conozcan su relación viviéndola intensamente. Transfórmenla y rehágänla todas las veces que quieran, porque es suya y suyo es el amor que se inventen día a día.

RECORDATORIO DE PAREJA

Mantra de las parejas que se aman:

«Tú eres lo más importante y preciado en tu vida y lo estás compartiendo con alguien a quien amas, que soy yo».

Las mejores intenciones en pareja se resumen en esta frase sacada de esos memes de tía de Facebook:

«No quiero que seas mejor para mí, quiero que seas mejor para ti, porque conmigo serás lo que seas contigo».

PEPE: AY, QUÉ BONITO ES EL AMOR.

TEO: AY, YA SÉ.

Con todo lo anterior se espera que tu pareja evolucione en un pokémon más hermoso, inteligente y afectuoso como el que tú eres; pero **déjalo evolucionar en su mejor versión, no en la tuya.** Todos somos Eevee, solo que cada quien elige su piedra elemental y debe seguir su propio camino. **Recuerda:** si quieres cambiar a tu pareja por completo, entonces buscas otra pareja. Siempre sinceras, nunca insinceras con lo que sentimos.

Esa persona, por sus propias convicciones, te tiene que brindar lo mejor de ella porque tú le estarás dando lo mejor de ti. Y para saber si tu pareja o tú se aman a sí mismos y se están dando lo mejor de sí, nos inventamos un test.

PEPE: A VER, PARA NUESTRO MARAVILLOSO «VAMOS A VER CUÁNTO NOS AMAMOS NOSOTROS MISMOS A NOSOTROS MISMOS ESTANDO EN PAREJA TEST», HAGAN EQUIPOS DE DOS Y TRABAJEN EN PAREJAS.

TEO: EL PÉSIMO NOMBRE, COMO SIEMPRE, ES IDEA DE MI HERMANA. YA SABEN CÓMO ES… DISCÚLPENLA.

Ojo:

si están pasando por un momento complicado y no están como para hacer la tarea juntos, ve soltándole las preguntas poco a poco. Puedes cambiarlas un poquito, pero que la idea sea muy clara.

VAMOS A VER CUÁNTO NOS AMAMOS NOSOTROS MISMOS A NOSOTROS MISMOS ESTANDO EN PAREJA TEST

By Pepe&Teo

1. ¿Respetas todas mis decisiones, aunque no siempre estés de acuerdo?

2. ¿Aceptas mis errores, aunque a veces terminemos discutiendo por eso?

3. ¿Me admiras, me escuchas, me oyes, me sientes?

4. ¿Respetas mis momentos a solas?

5. ¿Te alegras cuando conozco gente nueva y la paso bien aunque tú no estés?

6. ¿Te gusta que los demás digan lo chingona que soy, lo buena que estoy y la persona increíble que tienes a tu lado?

7. ¿Prefieres resolver nuestros problemas como las adultas que somos y me dejas hablar sin hacer berrinches?

A Si tu pareja respondió afirmativamente cinco o más preguntas:

a. ¡¿De dónde lo sacaste?!

b. ¡Amárralo con un hijo ya!

c. ¡Felicidades y sigan trabajando como lo han hecho, que de seguro les ha costado!

B Si tú o tu pareja respondieron afirmativamente de dos a cinco preguntas:

entonces solo hay que afinar algunos detalles. Sigan comunicándose en lo esencial y seguirán fluyendo como pareja.

C Si tú o tu pareja respondieron afirmativamente a una o dos preguntas:

hermana, ¡mucho ojo! Hay que trabajar de inmediato. Tampoco te preocupes tanto porque esto les pasa hasta a las mejores (nosotras). Pero sí necesitan colaborar juntos y comunicarse todo.

PEPE

En cualquier caso: **¡TRABAJEN EN EQUIPO!** Y siempre recuerden que no se puede cambiar a nadie. Pueden ayudarse a crecer, pero si la persona con la que estás no está dispuesta a hacerlo, no la vas a cambiar: **¡entiende!**

TEO

Y sí, lo decimos por experiencia…
¡Muuuuuucha experiencia!

Al final de cuentas, no nos vamos a cansar de decírtelo, lo más importante en esta vida eres tú. Pero si tu pareja y tú hacen la tarea continuamente y siguen este manual de sus tías consentidas, estarán aportando amor e información para tener un mundo más bello.

PEPE: Y SI LA COSA NO FUNCIONA, ROMPEN, LLORAS, TE PINTAS EL PELO, VUELVES A LLORAR, LO BLOQUEAS, LLORAS OTRO POQUITO Y TERMINAS SOLTERA: NO TE PREOCUPES, EN #SOYSOLA ENCONTRARÁS MÁS CONSEJOS PARA LA RELACIÓN MÁS IMPORTANTE DE TODAS: LA QUE TIENES CONTIGO MISMO.

Porque aquí solo te estamos dando una breve introducción para lo que viene: la carnita del pozole, hermana, lo mero mero. Así que tu pareja y tú deben estudiar para pasar con 10. Bueno, no es que tengan que salir en la escolta, peeero…

Queremos que tengas bien claro que aunque estés en la mejor relación del mundo, la individualidad y el amor propio son lo más importante. Para poder estar bien en pareja, necesitas estar bien contigo mismo, realizado y feliz.

PEPE: AHORA PREPÁRATE PORQUE ESTO SE PUEDE PONER TAN ESCABROSO COMO CAÑITAS.

TEO: O TAN ROSA COMO UN CUENTO DE PRINCESAS.

Si ya tienes claros estos puntos y vives tu vida en pareja complementando otra vida y llevando siempre las riendas de la tuya, entonces estás en el lugar correcto.

¡Viva el amor de pareja!
¡Y viva el amor propio!

Acá te dejamos una *playlist* para un amor de pareja como el que estamos viviendo tan intensamente nosotras. La música ha sido una gran acompañante para esos momentos llenos de felicidad y queremos compartir el *soundtrack* de esta etapa con ustedes.

Playlist

⏮ ⏸ ▶ ⏭

«Marry You» - BRUNO MARS

«A Thousand Years» - CHRISTINA PERRI

«Everything» - MICHAEL BUBLÉ

«We Found Love» - RIHANNA

«All Of Me» - JOHN LEGEND

«Chasing Cars» - SNOW PATROL

«Make You Feel My Love» - ADELE

«Love Story» - TAYLOR SWIFT

«XO» - BEYONCÉ

«Thinking Out Loud» - ED SHEERAN

«Love On Top» - BEYONCÉ

«I Will Always Love You» – WHITNEY HOUSTON

«Just the Way You Are» – BRUNO MARS

«Love You Always Forever» - DONNA LEWIS

«Meaning Of Life» - KELLY CLARKSON

Capítulo

2

¿Cómo encontrar a tu príncipe arcoíris?

¿Cómo encontrar a tu príncipe azul, rosa o arcoíris?

¡No existe, hermana!
¡No hay príncipe azul!
¡Es una ilusión!
¡Es mercadotecnia!
¡Es una farsa!

EL PRÍNCIPE DE COLORES

Si acaso, encontrarás al indicado, a la indicada, o a quien se parezca más a tu papá —si tienes *daddy issues*— o a tu mamá —si tienes *mommy issues*—...

Siempre terminamos pareciéndonos a nuestros papás (nocierto, bueno, sí, ve a psicoterapia, ¡salud mental para todxs!).

Lo que sí es seguro: no vas a encontrar a un príncipe azul como dicen esos cuentos de hadas que nos han jodido la vida, pero puede que sí encuentres a la persona indicada y quizá no sea azul, ¡mejor multicolor!

TEO: ¡OH, QUERIDO PEPE! ¿PUEDO YO, ACASO, UN SIMPLE Y HUMILDE HOMBRE, ASPIRAR A ENCONTRAR MI PAREJA MULTICOLOR DE LA QUE TANTO HABLAN TUS HISTORIAS APEGADAS A LA REALIDAD? ¡PRONTO, DIME CÓMO PUEDO HACERLO! ¡ANDA, DIME CÓMO!.

PEPE: ¡BUSCANDO, HERMANA! ¡BESANDO SAPOS!

¡Aritmética pura! Cuantos más sapos beses, más probabilidades habrá de que encuentres al príncipe indicado. A continuación lo demuestro:

$$(P.\,Indicado)\; X = \frac{100mpre}{tu\; qlito\; pr3c1050} \; x \; \frac{S4P05\,(fr3s4s\; y\; ch4ka1e5{+}1)x^{100}}{X\,Be{-}505} \; ...$$

Tal vez esta fórmula no exista, quién sabe, así como tampoco existe el hombre ideal.

Recuerda que tú no necesitas ningún príncipe ni una mitad para completarte. Tú ya eres entera. Y si buscas a un príncipe, independientemente del color, lo buscas para que te acompañe en tu plan de vida, no para completarte.

Por otro lado, es importante que siempre seas tú y que permitas a la otra persona descubrir hasta los aspectos no tan bonitos de ti. Que pueda ir conociendo tus defectos y que tú te permitas conocer los suyos. Asimismo, es básico llegar a acuerdos para encontrar la manera de vivir y equilibrar las manías del otro.

> **Una pareja es un balance perfecto de virtudes y defectos.**

Aquí es donde menos puedes poner barreras o escudos frente a ti porque quieres a alguien que a largo plazo pueda estar contigo en las muy buenas, cuando quitas esas barreras porque te sientes muy bien, y en las muy malas, cuando pones escudos para que nadie vea tu vulnerabilidad. **Acuérdate:**

PEPE: EN LA SALUD Y EN LA ENFERMEDAD...

TEO: EN LA POBREZA Y EN LA PROSPERIDAD...

PEPE: HASTA QUE LA MUERTE POR ACCIDENTE EN LAS ESCALERAS LOS SEPARE.

TEO: ¡AMÉN!

Ten presente que cualquier acto de compañía tiene que nacer del amor que sientes por la otra persona. Toda la base de tu relación debe ser ese hermoso sentimiento. Después, y por añadidura, vienen valores importantes que, independientemente de las posturas ideológicas o religiosas que cada quien tenga, son necesarios para construir su nidito de amor. **Palito por palito.**

No todos tenemos la misma ideología. Al entender esto, te será más fácil ser empático con tu pareja, comprender y amar su personalidad y carácter.

El entendimiento mutuo de la pareja se cimienta con la comunicación basada en la honestidad de cada quien. Esto es trabajo de dos. Tienes que tener al equipo más chingón, o sea, elegir al mejor novio.

PARA AYUDARTE A LOGRARLO TENEMOS ESTA BONITA SECCIÓN DENOMINADA:

TIPOS DE NOVIOS
by Pepe&Teo

NOVIO CERO COMPROMISO
(NSA: No Strings Attached)

Quiere todos los beneficios de una relación, pero no ponerle título. NO son novios y no lo vas a poder cambiar. No eres la heroína de esta *chick flick*. Esta relación normalmente no termina bien porque tú quieres un novio y él te ve como su amigo con derechos.

NOVIO INCÓMODO

Nada más andas con él porque no hubo de otra. Es incómodo para tus amigos, familia y compañeros de trabajo. No sabe conectar ni encaja con tu círculo social. Hace comentarios malos o desatinados en reuniones sociales. Provoca silencios incómodos. Sus chistes no son buenos. Normalmente nadie te dice nada malo de él solo porque están felices de que ya no seas solterona.

NOVIO CELOSO

Te cuestiona todo. Cualquier circunstancia de tu vida es un foco rojo para esta persona. Está loco, no te deja conocer nuevas personas, no confía en las amistades que hiciste antes de conocerlo, no te deja salir solo o te está checando todo el tiempo por teléfono. Puede que se comporte así porque tú cometiste algunos errorcitos en la relación y nunca recuperó la confianza en ti (lo que indica que ya no deberían estar juntos).

Teo en algún momento de su vida fue esta persona. Esta relación no termina nada bien.

NOVIO GARRAPATA

Se pega a ti y jamás te deja. NUNCA, NUNCA, ¡¡¡NUNCA!!! Quiere estar a tu lado en cualquier lugar a donde vayas. Quiere estar contigo cuando despiertas, cuando te duermes, el fin de semana. Pasa por ti al salón, a la escuela, al trabajo, te acompaña a todos lados… No te persigue al baño porque ya es mucho, pero si fuera por él estaría ahí contigo. En una fiesta nunca te suelta del brazo; si llegas a salir solo, no deja de escribirte y llamarte para saber de ti; si no contestas o te quedas sin pila, llama o mensajea a tus amigxs o familiares para «saber que estás bien». **Aléjate de él también.**

NOVIO SENSIBLE/ROMÁNTICO

Ay, ese es muy bonito. No podemos decir nada malo, pasemos al siguiente (eso lo dijo Teo). Pero Pepe no podría andar con alguien tan dulce, de esos que te escriben cartas o poemas y te cantan canciones de la nada... Son esos que te regalan la luna, el sol y las estrellas, ¡CUANDO NI SIQUIERA LES PERTENECEN!

NOVIO CUENTACUENTOS

Fácil: es un cuentero, se inventa historias. En su cabeza él es todo, él puede, él todo lo ha hecho, él todo lo sabe... Les echa mucha crema a sus tacos y lleva al máximo todas las historias que cuenta. Si lo detectas, confróntalo o huye, porque así será todo el tiempo y seguirá incrementando sus historias hasta creérselas.

NOVIO DRAMÁTICO

Cualquier situación se convierte en una escena dirigida por Ernesto Alonso. ¡Por todo hace drama! Es muy exagerado, usa tu nombre completo como si fueras la villana de la película, tiene frases como: «Me vas a escuchar», «No lo voy a permitir más», «Me arrancaría el corazón para dártelo»... Y tienes de dos: huir de ese personaje o pararte y aplaudirle. **Señal para identificarlo antes:** normalmente estudiará o trabajará en algo que involucre las bellas artes.

NOVIO INTENSO

Este va a mil por hora... En la primera cita ya quiere andar contigo y te comienza a hablar de los nombres de sus hijos; a la semana ya te dice «te amo». Es tan intenso que toda la relación explota muy rápido: tienen un noviazgo de 50 años en un mes... comienza y termina en un santiamén.

NOVIO MANTENIDO

No es el cachorrito de amor del sugar daddy... ¡NO! Es aquella sanguijuela que nunca aportará nada económicamente a la relación. Con su amor no te va a llenar la panza, con su cariño no se va a pagar la renta y con sus mensajes cachondos no sale para la gasolina de las citas. El dinero puede destruir familias, pero no necesariamente debe ser un problema. Si no es algo que a ti te moleste y puedes sostener financieramente a tu pareja, adelante, pero si buscas una relación equitativa en ese aspecto, nunca estarás cómodo con él.

NOVIO MACHISTA (o muy heteronormado)

Como su nombre lo sugiere, no le gustan los hombres «afeminados» o las actitudes femeninas. Quiere a un hombre que cumpla con los estereotipos que ha impuesto la sociedad sobre una rancia idea de «masculinidad».

En el caso de ustedes, amigas lectoras hetero, este hombre no las dejará trabajar. Va a quererlas en casa, vestidas como a él le parezca apropiado, sin amigos hombres hetero que amenacen su frágil masculinidad... Así que: cuidado, mucho cuidado con sus actitudes. A la primera sospecha, patitas pa' qué las quiero, si tengo alas para mandarte al carajo.

Estos perfiles solo son un panorama de advertencia. Tú puedes tener el tipo de novio que quieras, con la máxima de que nunca dañe tu vida ni la de otras personas.

Fuera de eso, tú date y disfruta.

¿Nos faltó algún tipo de novio?

Siempre hay un roto para un descosido y novios raros que nosotros no conocemos porque somos maduros y les decimos no a los *creeps*. Nocierto, amiga: tenemos muchas historias, y seguramente tú también, así que compártenos tus experiencias utilizando el *hashtag* #TiposDeNovio y cuéntanos qué perfiles de noviazgo has encontrado en esta aventura del amor.

TIPOS DE RELACIONES

¡Ya agarraste chacal!

Ya agarraste hombre.

Ya agarraste machete.

¡No lo sueltes!

¡Ahora tu pareja y tú pueden escoger qué tipo de relación quieren tener!

Probablemente el tipo de relación que más conoces es el que tus padres tuvieron.

 **TEO:** Y LA QUE DIOS APRUEBA.

 **PEPE:** ¡PERO BIENVENIDA A LOS TIEMPOS MODERNOS! HOY YA SE PUEDE TODO.

Busca una pluma y lee con atención porque esto se va a poner muy diverso.

MONOGAMIA

TEO: ME HABLAN A MÍ, ¿VERDAD?

Esta es una relación entre dos personas que se aman, que trabajan en equipo, que están juntas por decisión propia, que disfrutan de una vida sexual activa y EXCLUSIVA entre ellas dos…

Porque así lo quiso Dios. Cualquier traición a estos lazos, votos y reglas de exclusividad…

¡PECADO!

SE CONSIDERARÁ INFIDELIDAD.

¡MUERTE!

En realidad pueden tener momentos de fragilidad, de duda y algún episodio de arrebato carnal con ajenos, pero tengan la madurez para hablarlo y transformen su noviazgo en la relación que siempre soñaron. Si te consideras una persona más tradicional y conservadora, este es el tipo de relación que va contigo.

UN EJEMPLO DE RELACIÓN MONÓGAMA ES LA MÍA CON MI NOVIO.

O LA DEL SOL Y LA LUNA.

RELACION ABIERTA

PEPE

¡DEL PECADO!

PEPE:

LA RELACIÓN ABIERTA ES AQUELLA EN LA CUAL DOS PERSONAS SE JUNTAN PARA TENER UNA HERMOSA AVENTURA DE VIDA EN PAREJA, PERO CON LA VARIANTE DE QUE PUEDEN DISFRUTAR DE RELACIONES CIRCUNDANTES O CAPILLAS SATELITALES...

TEO

¡MÍRALA!

PEPE:

CONSERVANDO SIEMPRE LA CATEDRAL. ESO SÍ, TODO SIEMPRE CONSENSUADO Y A PARTIR DEL RESPETO Y EL AMOR POR TU PAREJA.

En este tipo de relación, ambxs deben establecer que pueden tener coqueteos y/o encuentros de sexo casual con terceras personas —ya sea cada quien por su lado o de manera conjunta—, pero con el único propósito de satisfacer los deseos carnales, es decir, para saciar la sed de cuerpos.

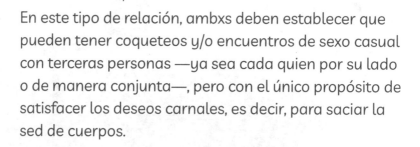

Aquí se mantienen los vínculos sentimentales con la pareja principal, con el cirio pascual; nunca con las veladoras. Básicamente, lxs otrxs son un jugueteo.

¿Pero qué pasa si se abren esos vínculos sentimentales a un tercero?

Eso ya es **poliamor** y ahorita vamos para allá. Antes debemos remarcar que las reglas de una relación abierta las pones tú con tu pareja. Es decir, puede haber:

Relaciones que solo hacen tríos.

Relaciones que no hacen tríos y de manera aislada tienen sus encuentros casuales con terceros.

Relaciones que hacen tríos y también tienen encuentros individuales casuales.

O... cualquier otro tipo de arreglo al que puedan llegar.

OJO:

En ninguno de estos se considera infidelidad porque todo es consensuado.

53

En realidad esta relación puede tener las reglas que ustedes quieran; solamente respeten siempre sus acuerdos, su relación y sus personas. Y no, ¡aquí no caben los celos!

Lo bonito de esta relación es la idea de que en el verdadero amor no hay posesión, la persona que es tu pareja no te pertenece: no es dueño de tus deseos.

ADVERTENCIA:

Si no estás listo para una relación abierta y tu pareja quiere, no lo hagas solo para complacerlo; eso va a terminar en problemas.

Las palabras místicas para que una relación abierta funcione son comunicación más comunicación. Besis. Bai.

POLIAMOR

¡Ahora sí, agárrate!

TEO: A MÍ ME LLAMA MÁS LA ATENCIÓN EL POLIAMOR QUE LA RELACIÓN ABIERTA. ¡LA VERDAD!

PEPE: ¡MÍRALA! ¡DE PERSIGNADA A ATASCADA!

En esta relación habrá sexo y afecto entre dos o más personas. Normalmente serán tres seres que mantienen dichos vínculos exclusivamente entre ellos.

a. **Relación de poliamor cerrada:** los miembros de la pareja solo tienen relaciones sexoafectivas entre ellos.

b. **Relación de poliamor abierta:** tienen relaciones sexoafectivas principalmente entre ellos, pero también existen otras personas que se suman ocasionalmente al trío.

Por lo regular las relaciones de poliamor son cerradas, ya que más de tres son multitud, comuna, muchedumbre, una nación, y llega a complicarse la ecuación.

Recalcamos que la base de esta relación es **el amor entre todas las personas implicadas,** siempre repartido equitativamente.

Asimismo, el compromiso, la fidelidad, el sexo, la compañía, el aprendizaje y todo lo que compartan debe hacerse en partes iguales.

Independientemente de sus reglas, **aquí no hay favoritxs.** No debe haber más atenciones para unx, a menos que así lo hayan decidido. Pero si en algún momento tú o alguien de esta relación se siente menospreciadx, es mejor hablarlo o definitivamente salir de ahí.

Recuerda que esto es un noviazgo normal entre tres o más personas. Pongan sus reglas, pero con base en el amor.

Cabe mencionar que todo puede mutar. De una relación abierta puedes pasar a una relación polígama, de una relación monógama a una relación abierta o como sea. Esto lo deciden tu pareja y tú en las diferentes etapas que vivan, en los diversos espacios que compartan. La magia de todo esto es, una vez más, **la comunicación,** para evitar conflictos que compliquen la relación y confundan sus sentimientos.

Claramente, antes vivíamos mucho menos tiempo y por ello era posible seguir la sentencia del catolicismo: «hasta que la muerte los separe».

Hace tres siglos una señora le era fiel a su señor por unos 15 años, ya que el promedio de vida de la gente de ese entonces no pasaba de los 40. Pero ahora es difícil pensar que vas a estar con la misma persona durante 60 años, pues tú puedes vivir hasta 100.

RELACIÓN SERODISCORDANTE

Esta es una relación entre una persona que vive con VIH (indetectable) y otra que no, y puede ser entre personas de diferente sexo o del mismo, con o sin hijos.

Queremos señalar esta relación no por el número de participantes en ella o por las reglas de sus vínculos con otras personas, sino por la importancia de visibilizarla.

El mensaje general de todo esto es muy sencillo:

Ten la relación que quieras, siempre con amor y respeto por tu pareja, con acuerdos claros y comunicando lo que ambxs sienten y piensan para no herir a la otra persona ni hacerse ideas equivocadas.

Nunca olvides que tú, diosa empoderada, amante indiscreta, sirena de los siete mares, tienes el poder de iniciar o terminar la relación en la que te encuentres. Si quieres terminarla, hazlo por ti misma, porque tú lo quieres. Y si quieres continuar con tu relación:

YOU BETTER WORK, BITCH!

Y VIVIERON FELICES HASTA EL SIGUIENTE CAPÍTULO...

Capítulo 3

Enamoramiento, amor y costumbre

¡El enamoramiento
es efímero!

¡Es una irrealidad!

¡Es una ilusión óptica, auditiva, sentimental y demás! ¡Es un proceso químico en tu cerebro!

EL ENAMORAMIENTO

En cuanto el enamoramiento acabe,
vas a ver al verdadero orco con el que
estás... o el que eres.

Fuera de eso... ¡ES UN BELLO MOMENTO QUE TODOS TENEMOS
QUE VIVIR! **Es un proceso de vida muy bonito.**

¡Todo lo ves rosa! ¡Todo lo ves muy buena onda! ¡Nada te
molesta! ¡Todo es amor para ti! ¡Todo marcha súper bien! No
existe nada malo. Y si hay defectos,
son defectos pequeños, cositas
de nada y que «se pueden
cambiar» (ajá).

 **PEPE:**

AY, ¿QUE LE HUELEN LOS
PIES? EQUIS (AUNQUE
HAY PERSONAS QUE
AMAN ESE FETICHE...).

 **TEO:**

AY, ¿QUE ESCUPE POR
TODOS LADOS? QUÉ RICO.

Todo huele a vainilla y respiras otro aire. Hasta haces cosas que normalmente no harías o que no sabías hacer. Es más: **mientes también.**

Te mientes a ti y le mientes a la otra persona. Sabemos que a veces es incontenible decir tonterías de las que luego es difícil zafarse. Como ya lo hemos visto, el enamoramiento es un proceso químico.

PEPE: QUE TE GENERA ADRENALINA, SEROTONINA, HEMOGLOBINA, BILIRRUBINA...

TEO: HEMOGLOBINA ES DE LA SANGRE Y BILIRRUBINA ES DE UNA CANCIÓN, NO LE HAGAS CASO A ESTA SEÑORA.

Solo ten en cuenta que cuando te enamoras generas estas sustancias y son estos cambios químicos los que te hacen sentir bonito todo el tiempo. Hay datos científicos que señalan que el enamoramiento puede durar seis meses y otros que hasta dos años.* Quizá porque viven lejos. Después de eso ya es compromiso, respeto, admiración, convivencia y proyectos compartidos. Igual de padre, pero diferente. Lo que debes entender es que el enamoramiento va a terminar.

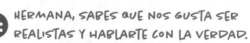

PEPE: HERMANA, SABES QUE NOS GUSTA SER REALISTAS Y HABLARTE CON LA VERDAD.

TEO: ESTO DEL ENAMORAMIENTO VA A ACABAR. PERO NO VIVAS CON MIEDO.

*Estudios realizados por el Centro de Investigaciones Pepe&Teo.

Ay, ya llevo cinco meses y 30 días enamorada, mañana ya se acaba todo. Bye, Juan José.

¡Nooooo! Solo toma en cuenta que el enamoramiento es una sensación que dura cierto tiempo; después se transforma en una relación distinta, larga y sólida, y prevalecen algunas emociones y se generan otras. **Nacen vínculos profundos** porque esta es una nueva etapa donde baja (o se vuelve intermitente) esa emoción de colegiala japonesa que corría por tus venas.

¿Conocerlo de nuevo?

Chí. En el enamoramiento todo era miel sobre hojuelas, pero quizá él también mintió (piadosamente) o exageró un poquito para hacer más interesante su vida. Sin embargo, para este momento ya no se verán tan piadosas esas mentirillas porque el enamoramiento ya pasó. La venda se cayó de tus hermosos y castos ojos. Miras la realidad tal y como es...

Y si aun así sigues compartiendo felizmente la vida con él o ella, es muy seguro que nazca algo increíble, el más hermoso sentimiento de pareja: **EL VERDADERO AMOR. ¡AHHHHHHHH!**

EL AMOR

El enamoramiento es una ilusión, pero el amor es real.

TEO: UN AMOR RE-AL, SIEMPRE TAN NA-TU-RAL.

PEPE: ¡SUFICIENTE! ¡VAN A PENSAR QUE TODO NUESTRO LIBRO ES UN CANCIONERO!

El amor nace del enamoramiento. Pero el amor es algo mayúsculo, algo increíble, esplendoroso. Es el mayor lazo de empatía y de emoción que puedes desarrollar por otra persona dentro de una relación afectiva.

EL MOTOR DEL MUNDO

También lo decimos desde el sentimiento de amor puro que no implica una carga sexual: el amor del hijo por el padre, de la madre, los hermanos, etc. Ese amor es el motor del mundo.

UNA DE LAS COSAS MÁS PRECIOSAS DE LA VIDA

Es la emoción sin igual que sientes por ti y por otras personas. Este enorme sentimiento, sin embargo, puede aminorar con el paso del tiempo; se trata de un proceso común y natural en las relaciones.

LA COSTUMBRE

Las costumbres son buenas: nos dan seguridad, tranquilidad y un lugar donde sabemos que estaremos bien sin importar la arrastrada que nos dé un día malo. En este mundo donde todo cambia tan rápido, algunas costumbres son importantes. Lo que está mal es cuando vivimos una relación de costumbres sin amor.

Pero si existe amor, respeto, confianza, momentos de sorpresa, hijos o mascotas, entonces ya la hiciste, comadre. ¡Estás viviendo **LA PELÍCULA DE AMOR QUE SIEMPRE QUISISTE!**

¿Cuándo se torna la costumbre en algo malo?

No es que se vea: primero se siente que algo anda mal. Se manifiesta en sentimientos de fastidio, aburrimiento, tedio, depresión y estancamiento. Échate otra vez un clavado a tu interior, de nuevo pregúntate qué quieres en la vida, qué quieres en tu relación y luego platica profundamente con tu pareja para ver qué está pasando.

Tienes que saber que están en un viaje juntos. **Si se está volviendo un poco repetitivo, sálganse del rumbo,** hagan su camino, cambien de coche, vayan a otro destino. **Lo importante es que lo hagan juntos.** El trayecto es tan largo o tan corto como ustedes lo trabajen. Puede que la llama de la pasión se esté apagando porque ya tienes 99 años y hasta el cerebro se está fundiendo: pues no hay remedio. Pero si no te vas a morir y simplemente ya no estás sintiendo cosas padres con la otra persona, háblalo y juntxs traten de hacer algunos cambios para rejuvenecer su amor.

Ojo:

vivir nuevas experiencias no es sinónimo de renovación sentimental. Tienes que entender que si a tu pareja no le gustan las alturas, el hecho de sorprenderla con la *súper experiencia de aventarse en paracaídas*, pues no va a funcionar.

Por el contrario: estás mostrando lo poco que conoces a tu pareja y hechos así podrían detonar reclamos, revivir viejas peleas o sentar antecedentes para discusiones futuras. Trata de evitar situaciones de reclamos y malos ratos; los detalles son importantes, pero no los conviertas en errores.

Con detalles no nos referimos a pasar con un carruaje mágico a su oficina y luego irse volando en un cisne a París para cenar en la torre Eiffel. Los detalles tienen que ver con el día a día, hacerle saber a la otra persona que valoras el hecho de compartir la vida con ella.

Si te sigue haciendo la comida, aunque no sea *gourmet* y aunque sea la misma, agradece su dedicación en esta rutina diaria que comparten. Y si no les gusta algo, **platíquenlo y no inicien la conversación con reclamos, sino con halagos.** Ese es un muy buen tip para ir renovar la relación. En lugar de:

¡NOOOOOOO!

¡BASTA DE CREAR SITUACIONES PARA INICIAR DISCUSIONES!

Mejor empieza desde la dulzura de tus palabras:

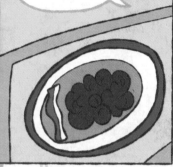

Buenos días, amorcito. Aquí tienes tu huevito revuelto.

¡Ay, sí! Déjame buscar la receta y mañana te sorprendo.

Ay, amor. Muchas gracias por tus deliciosos huevitos con catsu. Pero oye, ¿crees que algún día podríamos comer un omelette u otra cosa? Es más, si quieres yo cocino.

PEPE:

PEPE: AAAAAY, CUÁNTA MIEEEEEL...

¿Notaste la diferencia?

Siempre hay forma de trabajar desde casa, como en el ejemplo que te dimos. Sin embargo, también es importante ir con especialistas antes de tomar una decisión determinante y dolorosa. No te tires al drama. Cuando detectes con tu pareja los síntomas de la monotonía, pongan las cartas sobre la mesa y comuníquense.

¿PROBLEMAS EN TU CUENTO DE HADAS?

¡Puede haber miles!

Si ya estás hablando esto de frente, no temas, amiga.
Problemas los hay de todo tipo: económicos, sentimentales, sexuales, sociales o de salud. Depende de ambxs sortear estas circunstancias.

Otra cosa muy importante: no evadas este tipo de realidades, ya que esto hace que se generen rencorcitos, pequeñas venganzas y una serie de mecanismos que funcionan como castigos tóxicos y oscuros. ¡Estas son señales para trabajar en pareja!

Siempre ten en cuenta que algún día pueden aparecer situaciones por resolver o, como en el lenguaje de los *entrepeneurs*, siempre habrá áreas de oportunidad que aprovechar.

En todos los casos, ¡den lo mejor de cada quien para superar los baches amorosos!

Si ambos se han decidido a resolverlo, ¡vamos muy bien! No importa si es por ustedes mismxs o con ayuda de un especialista. Está bien padre que detecten sus problemas, que haya intención de trabajar en ello y que lo solucionen. ¡Ánimo, amikes!

Si solo uno trabaja en esto, o ninguno... ¡chan, chan, chan chaaaaaaaaan!

LAS RELACIONES TÓXICAS

PEPE:

AY, AMIGA, ¡HUYE DE AHÍ!

Es fácil verlo desde fuera (con una amiga o alguien cercano) y decirlo, pero a veces es muy difícil darte cuenta de que estás en una: **no ves las señales en ti.**

Esto es porque **el abuso es sutil y constante** (por parte de unx o todxs lxs integrantes de la relación), tanto que no se alcanza a ver y **puede confundirse fácilmente con un trato normalizado.**

¿Cómo identificar el abuso sutil con las primeras pistas?

Este tipo de abuso se manifiesta en acciones o palabras que bajan tu autoestima y te hunden sin darte cuenta.

Si hace comentarios en los que te descalifica, te hace sentir insegura, empiezas a perderte y a perder tu esencia, o si tú los haces para provocar esto en tu pareja, obviamente todo está mal. No lo hagas, no dejes que te lo hagan y siempre orienta a tus seres queridos que estén en una situación así.

SÍNTOMAS DE UNA RELACIÓN TÓXICA

Abuso sutil (emocional)

Puede incluir los insultos en forma de chistes, comentarios despectivos «con cariño», humillaciones «sin querer» y otras acciones orientadas a disminuir tu autoestima. Puede ser que tu pareja tampoco lo haga con la intención de dañarte, pero comunícaselo en cuanto lo sientas. **Por favor, no lo normalices,** no te acostumbres: tu pareja debe dejar de hacer lo que te incomoda. ¡Paren todo en este instante, antes de que escale!

Acecho (*stalkearte*)

Quizá incluya los chequeos reiterados e innecesarios por mensajes de texto, llamadas telefónicas, *e-mails* a todas horas o vigilancia disfrazada de interacción en redes sociales: ¡te vigila virtual y físicamente! Después te «acompaña» a todos lados, pero en realidad es para mantenerte checada. Quiere controlar tus movimientos (¡y toda tu vida!). Si tienes miedo en algún punto, dile que se detenga y pide ayuda a otra persona de confianza.

Daño psicológico

Es un nivel más directo de agresión, cuando lo que antes eran bromitas se convierte en ofensas directas; te humilla constantemente o te amenaza con chantajes de revelar cosas íntimas, de provocarte daño, de hacerse daño o dañar a alguien más; todo para privarte de tu libertad y dominarte totalmente. Si estás o has estado en esta situación, ¡busca a un profesional y háblalo con gente de tu confianza!

Control económico

Se ejerce cuando el control del dinero, cuentas bancarias, inmuebles, joyas o propiedades de la familia lo hace exclusivamente tu pareja. Si te dice «Este mes no hay mucho dinero, pagamos las cuentas y no quedó casi nada», pues no es abuso, es una situación normal. Pero si te dice «Mmm, no, no hay dinero porque te portaste mal en la fiesta de ayer», pues ahí sí hay algo feo, hermana. Por otro lado, el abuso económico se puede convertir en laboral cuando tu pareja interfiere con tu trabajo. Esto es muy común en esas parejas que, bajo pretexto de ser muy necesitadas de ti y de tu atención constante, piden que pases tiempo con ellas y terminas por no socializar en el trabajo, no asistir a reuniones porque tienes que estar con ella o simplemente tener descuidos en tu empleo hasta el punto en que lo pierdes.

Otro abuso económico, más sutil, es cuando «la princesa» del cuento te hace absolutamente responsable de ganar dinero para mantenerla a ella y a la familia u otras acciones destinadas a crear una dinámica de dependencia financiera en la relación.

Aislamiento

Es el método de abuso que funciona mediante la prohibición de cualquier tipo de contacto con tus familiares o amigos. Hay personas que ejercen un abuso tan drástico que te pueden orillar a mudarte, sin tu pleno consentimiento, a otro sitio donde no conoces a nadie. Él quiere controlar tus interacciones con otras personas y hará todo para distanciarte de tu red de apoyo. **¡Nunca lo permitas!**

Abuso sexual

Esto es cualquier situación sexual en la que te involucren sin tu consentimiento. La línea entre lo que es y no abuso sexual puede llegar a ser muy delgada. Puede incluir insinuaciones no correspondidas, actos que te incomodan y episodios en los que simplemente sientes que hay algo mal, algo que no quieres y con lo que no estás de acuerdo, e incluso violaciones, agresión física para provocar relaciones sexuales o actos violentos durante y después de tener sexo. Si crees que has sido víctima de violencia sexual o conoces a alguien que pudiera estar en tal situación, busca ayuda profesional y denuncia al agresor o agresora.

Violencia física

Cualquier acto que tenga como intención lastimar físicamente a una persona. Pueden ser golpes, jalones, empujones, privación de alimentos y otras acciones que atentan contra el bienestar físico de alguien. Recuerda: debes buscar ayuda profesional de inmediato y denunciar al agresor o agresora.

Si tú realizas alguno de estos abusos sobre tu pareja o cualquier persona, mejor busca ayuda. No estás amando, tan solo lastimando a otro ser y cultivando una relación tóxica.

El propósito de estas conductas, ya lo decíamos, **es controlar tu persona para dañarte tanto en tu mente y tu alma como en tu cuerpo.** Finalmente, destruir tu personalidad. Las personas agresoras quieren que ya no tengas identidad para manipularte a su antojo y utilizarte como quieran, cuando quieran y hasta con quien quieran. **¡Nunca más!**

PEPE

TEO

Si ya intentaron comunicarlo, lo trabajaron, no funcionó y tú necesitas salirte de esa relación pero no puedes, **si sientes que esto te rebasa o si necesitas recibir estas humillaciones porque no te sientes amada, es momento de consultar a un especialista ¡PERO YA!**

¡Ay, hermana, qué serias todas! Ni modo, a veces toca, pero juntas nos cuidamos, juntas nos queremos y juntas nos levantamos.

¿Que a ti te gusta que te amarren a la cama a la hora de la fechoría y estás de acuerdo con algo que parece delito? **Aclaremos algo:** los juegos sexuales de rol, las palabras «sucias», el sadismo y la sumisión en el sexo no son algo malo; puede practicarse siempre y cuando sea consensuado. Pero si tú no quieres y sientes que no puedes salir, tienes miedo de que tu pareja te deje si le dices que no y en realidad no disfrutas esos tratos, consulta a los especialistas en maltrato de pareja.

NO TENGAS MIEDO, NO TE SIENTAS JUZGADX POR PEDIR AYUDA. YA NO SE VALE MIRARNOS FEO, AL CONTRARIO: ABRAMOS ESTE TIPO DE DISCUSIONES PARA QUE LAS COSAS CAMBIEN. HABLA CON TU GENTE DE CONFIANZA.

Otra vez olvídate del qué dirán y olvídate de las típicas frases de antiguas esposas abnegadas:

Ay, mijita, así son los matrimonios.

¡Así eran *sus* matrimonios!

Nada de aguantar porque «así siempre ha sido» ni porque «es parte de cualquier relación». ¡No es no! **¡NI RELACIONES TÓXICAS NI INFIDELIDADES!**

¿Cómo, la infidelidad está mal? Veamos...

Poner los cuernos, romper el contrato del amor, del corazón y del alma mediante encuentros sexuales y/o afectivos con terceras personas... y terminar con el corazón destrozado.

VEO ALGO...
UNA...
CU-LE-RA-DA.

¡AYÑO!

¿Sospechas que tu pareja es infiel?

¿Tiene antecedentes de infidelidad contigo?

Cómo saber si te están pedaleando la bicicleta

 PEPE: SIGUE TU INSTINTO, ESE QUE TE AVISA CUANDO TU PAREJA ESTÁ HACIENDO FECHORÍAS CON ALGUIEN MÁS. ¡SEGURO ES VERDAD TU SOSPECHA!

 TEO: OBVIAMENTE LA SOSPECHA NO ES UNA GARANTÍA DE NADA, PERO SÍ VALE LA PENA DARLE SU CHECADITA DE VEZ EN CUANDO.

No se trata de traicionar la confianza de tu pareja, pero es un buen pretexto para darte una vueltecita inesperada por su trabajo o por su escuela. ¡Sorpréndelo con un almuerzo improvisado! Solo se trata de que, con detalles hermosos, marques tu territorio. **Lo orina diariamente**.

PEPE: ¡AY, QUÉ POSESIVAAAAA!

TEO: O MUY LISTA...

En realidad *no* deberíamos hacer este tipo de cosas: deberíamos confiar en nuestra pareja y ser lo suficientemente madurxs para entender que nadie es propiedad de nadie y para respetar nuestros acuerdos con los demás. Peeero a veces una sabe. ***Levanta la ceja*.** Cuando las sospechas sean muchas y muy incómodas, háblalas directamente con tu pareja. Siempre aclaren todo: **intenciones, comportamientos y reglas de su relación.**

¡Y zaz, culera! Resulta que es cierto y tú o tu pareja andaban de infieles. Bueno, esto no es el fin de la relación. Primero veamos el tipo de infidelidad. Nosotras conocemos dos:

1 INFIDELIDAD CASUAL

Te pusiste borrachita, amiga. Alguien inesperado llegó, el momento se dio, se subieron rápido las copas y terminaron en la cama. No te acuerdas de nada.

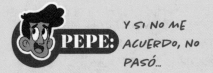

PEPE: Y SI NO ME ACUERDO, NO PASÓ...

TEO: ¡AY, CREO QUE ESA CANCIÓN SÍ TIENE COPYRIGHT!

No te hagas la amnésica, hermana, te tienes que acordar de lo que pasó. Independientemente de que no recuerdes mucho, poco o nada, **TE DISTE A ALGUIEN MÁS.** Pero no va a pasar de nuevo porque fue algo casual. **¡Upsi! ¡Bye!**

Además, todo fue sexual porque, en realidad, nunca te gustó tanto el o la de la oficina. Simplemente se dio en la cena de Año Nuevo: ahí estabas emborrachándote, ella o él estaba solx y ebrix también, accidentes de pantimedias, enredos de corbatas, pum. **¡Ya se dio, qué rico, adiós!**

Lo más honesto es que lo hables con tu pareja comprometiéndote a no volver a hacerlo. Existen personas que prefieren llevárselo a la tumba y se prometen a sí mismas no volver a hacerlo.

Recomendamos hablarlo porque nos gustaría que nuestra pareja hiciera lo mismo, pero sea cual sea tu decisión: sigue con tu vida, no reincidas y aprende a dejar ciertas cosas en el pasado, tanto si tú te agarraste con alguien como si fue tu pareja quien lo hizo. Si no se comprometen a olvidarlo y seguir, los visitará el fantasma de las cogiditas accidentales.

2 INFIDELIDAD INTENCIONAL

A diferencia del escenario pasado, en esta situación existe un engaño consciente, constante y sonante. Los votos se rompen una y otra y otra y otra y otra y muchas veces y la absoluta intención del engaño es más dolorosa.

Deliberadamente empiezas a salir más seguido con la de la oficina y alguno de los dos se empieza a enamorar mientras que tú ya tienes a tu esposa... Sara... y a tus hijos... Sarita y José Joel.

Cabe destacar que hay «niveles de infidelidad» y todo dependerá de los acuerdos tácitos o explícitos que hayas establecido con tu pareja. Es decir, algunos considerarían infidelidad las saliditas a solas con alguien de la oficina fuera de sus horarios de trabajo, pero otros no. Quizá se permiten unos manoseos en la peda, pero jamás irse a la cama con alguien más. Ustedes saben. Estos umbrales y niveles dependen de ti y de tu pareja. Si ambxs pueden darse besos con otras personas, pues adelante: no habrá infidelidades.

Sin embargo, si acordaron que beso en la boca es infidelidad, pues ya ni modo: **acepten la responsabilidad.**

TEO: «YO SÉ QUE ES TU AMIGO, PERO ES RARO QUE LO BESES EN LA BOCA, JUAN JAVIER».

Respeta los estándares de fidelidad que acordaste, así sean muy cerrados (no mandar emojis cariñosos) o muy abiertos (mandarle el pack a quien quieras). Si no te gustan, de nuevo: lo hablas o lo acabas.

PEPE: «PARA MÍ CUALQUIER INFIDELIDAD ES UNA INFIDELIDAD». PALABRAS INMORTALES DE PEPE, CDMX, 2020.

TEO: PUES CLARO, ¡TONTA! ESO SÍ, ES MÁS GRAVE DESARROLLAR UNA RELACIÓN CON OTRA PERSONA QUE TENER UN ENCUENTRO CASUAL. (TAMPOCO SE VALE TENER UN SOLO ENCUENTRO CASUAL CON UN DESCONOCIDO, PERO CADA DÍA BUSCAR A UN NUEVO DESCONOCIDO; YA TE CONOCEMOS, LISTILLA).

Estas son visiones particulares de Pepe y Teo. Las reglas y los límites los determinas y los haces tú junto a tu pareja, como quieran, siempre y cuando estén de acuerdo lxs dos o tres de la relación. Para ayudarte a conocer estos límites, hemos ideado otro maravilloso test. ¡Ya sabemos que te encantan!

Tráete tu lápiz del 2.5 porque es momento del examen sorpresa en donde nos tienes que decir lo que sí y lo que no consideras como infidelidad.

TEST DE INFIDELIDAD
By Pepe&Teo

Imagina que «accidentalmente» encuentras desbloqueado el celular de tu pareja mientras está en la regadera. O te lo encuentras en la calle en alguna de las siguientes situaciones. Marca la casilla que mejor te represente.

En la vida virtual

- Mensajes* melosos
  - ☐ ME ESTRESO
  - ☐ NO ME ESTRESO

- Mensajes cariñosos con emoji
  - ☐ ME ESTRESO
  - ☐ NO ME ESTRESO

- Mensajes con emoji sensual
  - ☐ ME ESTRESO
  - ☐ NO ME ESTRESO

- Selfies
  - ☐ ME ESTRESO
  - ☐ NO ME ESTRESO

- Selfies con poca ropa (o pack)
  - ☐ ME ESTRESO
  - ☐ NO ME ESTRESO

*Mensajes directos en: Instagram, Facebook, Twitter, WhatsApp, etc.

En la vida real

Miraditas coquetas

☐ ME ESTRESO   ☐ NO ME ESTRESO

Agarraditas y contacto físico

☐ ME ESTRESO   ☐ NO ME ESTRESO

Baile respetuoso

☐ ME ESTRESO   ☐ NO ME ESTRESO

Salsa movidita y sudorosa

☐ ME ESTRESO   ☐ NO ME ESTRESO

Perreo durísimo en Rico

☐ ¡ORA!   ☐ ¡TRANQUI!

Recibir regalos y cartitas indiscretas

☐ KHÉ BERGA   ☐ NO PASA NA'

Salidas lúdicas y a solas con otra persona

☐ KHÉ BERGA x 2   ☐ SIGUE SIN PASAR NA'

Beso de media luna (comisura de los labios)

☐ ME ENCABRONA   ☐ NO ME ENCABRONA

Besos de telenovela en los labios

☐ ME EMPERRA   ☐ NO ME EMPERRA

Faje y/o agarrón de zonas erógenas

☐ ME EMPUTA   ☐ NO ME EMPUTA

Besos en los labios mayores, áreas íntimas y otras partes

☐ LX MATO   ☐ NO LX MATO

La fechoría

☐ LX MATO x 2   ☐ NO LX MATO

Sexo anal

☐ ALV TODO   ☐ ALV NADA

Lluvia dorada

☐ KHÉ BERGA x 100   ☐ KHÉ RIKO, INVITEN, BEBESOLAS

Fisting

☐ AY, QUÉ FUERTE   ☐ NADA ME ESPANTA

Resultados:

El único resultado interesante es que consideres esto: **todas las situaciones que no crees que sean infidelidad aplican también para ti.** Nada de que tú bailes bachata con otrxs, pero no dejas que tu pareja se divierta igual. Todo debe ser parejo en este rubro. Las libertades son para lxs dos.

Si bajo sus propios estándares de pareja tú fuiste infiel o te fueron infiel, lo más honesto es que se cuenten las cosas o lo que haya sucedido: ese mensaje de tu amiga o el rico *gang-bang* en el sauna del gym, cualquier cosa que haya comprometido los términos y las reglas de su relación.

¡Aclara bien tus asuntos! Haz bien tus cuentas oel SAT del amor te va a cachar. Y luego vas a estar llorando porque te quedaste sin negocio. Es duro estar en cualquiera de los dos lados. ¡Estamos contigo!

Si te fueron infiel, continúa sin rencor. Borrón y cuenta nueva, hermana. Sigue cultivando la felicidad porque una mancha solo adorna más al tigre. Pero si no vas a lograr sobrellevar la infidelidad de tu pareja, también se vale hablarlo desde el corazón y finiquitar la relación.

PEPE: YO TUVE UN NOVIO QUE ME DECÍA «YA TE PERDONÉ», PERO A LA PRIMERA OPORTUNIDAD SACABA EL TEMA. ¡¿NO QUE YA ME HABÍAS PERDONADO?!

Por otro lado, si tú fuiste infiel, te perdonaron tu error y rehicieron los acuerdos, entonces comprométete ahora sí a seguirlos.

TEO: SI SIENTES QUE NO PUEDES CUMPLIR CON ESOS ACUERDOS PORQUE TE GANA LA CALENTURA, HAZLO SABER.

Esta nueva negociación tiene que ser realista y honesta. No des concesiones de algo que no vas a permitir solo por quedarte con esa persona. Otra vez estarán en una relación tóxica. Mejor ya adiós, bye, au revoir, ciao, a la chingada.

DIVORCIO

¡Khé! ¿Un libro sobre el amor me quiere hablar de divorcio?

Sí, porque somos tus mejores amigos y siempre seremos honestos: la gente se separa y hay que hacerlo de manera distinguida y elegante. No hagas corrientadas y firma los papeles, divórciate por las buenas, bebé.

Constitución de los Estados Unidos Mexicanos
Derecho de lo familiar
Artículo 23. Versículo III

Divorcio: Acto de finalizar bajo mecanismos legales el pedo en el que te metiste por estar enamorada. ¡Ya, ALV todo!

Este es el proceso legal, muy importante para volverte a casar (te conocemos, amiga, quieres varios matrimonios y se vale). Tendrás que pasar por la burocracia mexicana y perder tiempo, así que no te compliques más la vida, ya es suficiente con el duelo de la separación.

Date unos días para estar bajoneada. Todxs tenemos derecho a vivir nuestras emociones por completo, no solo las bonitas. Debes atravesar esta etapa difícil y complicada, ni modo, pero vas a estar mejor porque ya estás definiendo lo que realmente quieres y, por lo tanto, estás en el camino correcto hacia tu felicidad, amándote a ti misma antes que a nadie más.

Si te piden el divorcio, aunque tú no quieras, debes aceptarlo. No es una derrota ni un fracaso, solamente son destinos que se separan y deben caminar por su lado. No hagas mayor problema.

Si hay hijxs de por medio, más aún: hazlo de una manera amistosa, porque una como quiera, pero las criaturas... Así siempre seguirán sintiendo los lazos familiares de cariño y respeto contigo y les será más fácil aceptar este proceso, que también es un duelo para ellxs.

¡Termina todo bien! Te fuiste para evitar situaciones tóxicas. No se vale divorciarse para seguir con acciones y situaciones dañinas a distancia o por medio de los hijos.

PEPE: EN ESE CASO MEJOR BÚSCATE UNA ENEMIGA CON LA QUE TE DISTRAIGAS, MAMITA.

Deja los rencores atrás. Si tu pareja te hizo mucho mal, debes romper con ella y con todo ese pasado y conservar las lecciones aprendidas.

TEO: ROMPE CON LO MALO, PORQUE ESA ES LA DIFERENCIA DE SEPARARTE (Y VOLVER A CAER EN LOS VICIOS FEOS) O ROMPER DEFINITIVAMENTE CON ESOS JUEGOS MAQUIAVÉLICOS.

RUPTURA

Aunque depende
de las condiciones
en que todo terminó
(si te cortaron, tú cortaste,
los motivos por los que sucedió, si hubo discusión
de por medio, drama y agresiones físicas o verbales tuyas
o hacia ti) e independientemente del grado, sabemos que
el dolor de una ruptura es intenso.

¡Te abrazamos desde acá, hermana!

En el recuento de los daños todo es más fuerte que una
simple separación. Te sientes rota, resquebrajada. Sientes
que ya no hay reparo para ti, que naciste sola y morirás
sola, pero en el fondo sabes —nomás que te gusta el
dramón— que hay reparo y que a partir de ahora todo
se pondrá mejor.

 **PEPE:** PORQUE COMO DECÍA MI JENNY RIVERA: «SI POR PENDEJA ME CAIGO, POR CHINGONA ME LEVANTO».

Estamos contigo para ayudarte en tu recuperación
amorosa. El proceso que continúa para ti es idéntico al de un
duelo. Si lo piensas bien, estamos hablando de la pérdida de
un ser, alguien a quien ya no vas a ver (en este caso porque
te hace mal o porque así lo decidieron), así que afróntalo lo
más pronto posible y de la mejor manera.

ETAPAS DE RUPTURA:

Para hacértelo más llevadero, vamos a comparar a tu expareja con la pérdida de un celular.

 **TEO:**

PERDÓNANOS LA VIDA, COMADRE, PERO HAY PRIORIDADES.

1. Negación

Ya no tienes celular por el motivo que sea. No ahondes en que si lo olvidaste en algún lugar, si se descompuso o si te lo robaron (o si él decidió irse). Mucho menos mantengas esperanzas sobre su regreso, él ya está con otro. ¡Ya fue!

2. Enojo

Te encabrona ya no tenerlo, te revienta imaginarlo disfrutando con otro y haciéndolo disfrutar; te enojas con ellos, contigo y te quieres dar de golpes. «Ay, hijos de la chingada, me lo sacaron, pinche ciudad insegura», «Bruta yo, por llevarlo donde no debía», «Tan caro que me salió el culero», «Me hubiera comprado el negro grandote, pero no: quería ser discreta». Trata de que se te pase rápido el enojo contigo, con él y/o con su nuevo dueño.

3. Negación: segunda parte

Otra vez no crees que lo hayas perdido y hasta intentas localizarlo con aplicaciones. Andas cazando por si lo ves, pero, amiga, aunque lo vuelvas a ver, él ya cambió de dueña. «¿En qué momento sucedió todo, si yo lo tenía en mis manos?». Haya sido como haya sido, ya no está contigo. Entiéndelo.

4. Depresión

Pues aquí te deshaces en llanto. No quieres entrar al baño porque siempre lo hacías con él, no quieres comer porque comías con él, no quieres vestirte bonito porque te tomabas fotos con él, tenía todos tus memes… así que te la pasas durmiendo para dejar de pensar en que ya no lo tienes en tus manos. ¡Pues ya deja ese pinche celular, hermana! Aprende a tener una relación sana con él. Esto no quiere decir que no te lo vayan a robar, pero será más fácil desapegarte cuando se vaya. Se vale la melancolía, pero solo un tiempo. Poco a poco te volverás a comunicar con el mundo y renovarás tu vida. La ciudad es un gran centro de atención y los bonitos aparatos sobran.

5. Aceptación

Aquí ya sabes que la vida sigue y entonces lo decides: mañana me consigo otro mejor. Esto no quiere decir que salgas a *faltosear* para quedarte con el celular de otros; consigue el tuyo por las buenas, a meses si es necesario, pero para ti.

TEO: ESTO MISMO PASA CUANDO NOS SEPARAMOS DE NUESTRA PAREJA HUMANA. ¿Y SABES QUÉ? SIEMPRE HAY UN MEJOR MODELO ESPERÁNDOTE.

PEPE: ¡ESO, MAMONA!

Y como te decíamos, no tengas miedo de regresar a la soledad. Es común que pienses que le diste tus mejores años a ese hombre», pero igual: a la edad que tengas, con que sigas siendo una buena persona, tan hermosa como ahorita, podrás encontrar el amor.

«¡A esta edad quién me va a querer!». No. Nada de eso. Acuérdate de que siempre va a haber viejos y viejas agrias como tú, dispuestxs a hacer cochinadas o aún en busca de su pareja ideal.

¡A cualquier edad y en cualquier situación puedes encontrar al ser amado!

Acoplarse a otra persona es lo que más aterra, pero se tenga la edad que se tenga es una aventura que debes aceptar, volver a vivir o vivir por primera vez, aunque ya tengas canas de tantas ganas.

«Ay, ya para qué termino mi relación, mejor me quedo aquí con este, al fin que ya nos conocemos». Si no eres feliz con tu pareja, no lo lastimes prolongando una ruptura inminente: sé honesto y toma la decisión.

Por favor, no te quedes por «comodidad»; te saldrá más caro y ambxs sufrirán en vez de disfrutar sus vidas y recordarse con amor. Recuerda que el malestar puede escalar hasta volverse algo incómodo: habitaciones separadas o, de nuevo, relaciones tóxicas, infidelidades y todos los monstruos que ya vimos que están en contra del amor de pareja.

PEPE: ...CHARLY Y YO DORMIMOS EN CAMAS SEPARADAS... ¿QUÉ TIENEN EN CONTRA DE ESO?

TEO: ...

Si tienes dudas y temes dar el paso, amiga, pon tu canción favorita, la que te haga ser la más valiente, y sepárate. VIVE SOLA, PERO INTENSAMENTE FELIZ.

Y si tu pareja y tú sí están trabajando cada día, ¡SIGAN ASÍ DE CHINGONXS! Se aprendieron las lecciones del pasado y, con base en estas sabidurías, están reconstruyendo los términos para una nueva relación llena de confianza y amor.

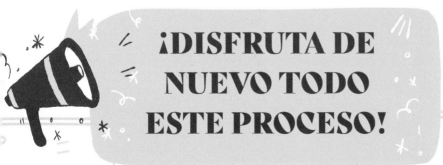

¡DISFRUTA DE NUEVO TODO ESTE PROCESO!

Capítulo 4

Las aventuras de Pepe&Teo: la batalla final

¡Andas súper enamoradx!

Todo es felicidad en ese maravilloso mundo

que están inventando tú y tu pareja.

ROLES COMO PAREJA

Solo se dedican a darse durísimo, el uno al otro, todo el amor que sienten en sus corazoncitos. ¡Awww!

Hasta que la realidad comienza a alcanzar su fantasía. Te das cuenta de que solo de amor no se vive. Ahora resulta que hay que comer, hay que trabajar, hay que estudiar y hay que relacionarse con otras personas, sobre todo, con las que son cercanas a tu marido.

Debes conocer y convivir con familiares, amigos, compañeros y hasta mascotas. Todo tu entorno y el de tu pareja se modifica y, sin saberlo, terminas desempeñando un rol social que viene con el muñeco que pediste.

PEPE: QUERÍAS ANDAR NOVIANDO, ¿NO?

TEO: ¡PUES TE AGUANTAS!

Tómalo así: esta es la oportunidad de brillar más. Es el momento de elegir a tu personaje para este hermoso videojuego que se llama ***Vida de pareja: la conquista del amor***

Loading...

Primer nivel: AMIGOS

Escenario: Fiesta de cumpleaños de la mejor amiga

Jefe final: Ese amike intensx que juzga peor que sacerdote durante la Inquisición

Tus habilidades especiales: Chistes, ronda de tragos y noticia sorpresa

Apareces junto a tu compañero de juego en un antro muy chic, el camino para superar el nivel está iluminado por luces neón que los hacen ver increíbles, hay música electrónica de fondo. **Es momento de jugar.**

Tomas tu primer arma, un par de cocteles para activar el escudo de protección, y te diriges hacia la primera batalla de baile de la noche. La mano de tu pareja y la tuya se entrelazan, el sudor lxs une y fortalece su vínculo. De pronto, una horda de locas alcoholizadas lxs separa y debes activar tu modo combate (imagina que te elevas, tu ropa se desintegra y una luz hermosa cubre tu cuerpo: ahora tienes un ceñido traje de colegiala y una varita que lanza rayos lunares de amor, ¡pishún, pishún!).

Resulta que la bola de cuerpos que los separaron está compuesta por tus amikes y creen que les perteneces. No están dispuestxs a compartirte con un ser extraño. Es decir, **eras la Pepe del Teo, la Moon de las otras Sailor, la Regina de las Plásticas, y te raptaron.** Dime tú si no habrá rencorcillos.

Lo primero: si son amistades reales y tú te llevas bien con tu pareja, deberían respetar su relación e interesarse por tu felicidad. Si rechazan a tu pareja sin conocerla, reconsidera tus amistades; si tu pareja les tira mala onda, ojo con tu chacal, quizá no es de fiar. Es normal que tome tiempo conocerse y crear un vínculo entre todxs, pero debe haber disposición entre el grupo. Cuando las cosas no funcionan, se nota de inmediato.

Si de plano no se llevan bien, es probable que existan diferencias muy puntuales, pero recuerda: **tú siempre cordial.** Mantén un ambiente de armonía sin que esto te desgaste, procura hablar de temas que todos tengan en común, enlazar conversaciones y ser el alma de la fiesta. Aquí es donde utilizas tus habilidades especiales: cuenta un chiste sobre ti o sobre algo que todos consideren divertido, invita una ronda de cocteles distintos y pruébenlos entre todxs, o, última arma, revela algo que nadie sepa para crear complicidad en el grupo (tampoco inventes cosas, hermana, tampoco).

¿Qué pasa si eres tú el invitado a la reunión de amikes de tu pareja?

PEPE

TEO

Pues fluye, bebé, escucha sus historias, suelta una risita sobre sus chistes y recuerda que estás conociendo personas que podrían enriquecer tu vida. No olvides tus habilidades especiales: aplican en cualquier escenario del videojuego. Si de plano no te caen bien, no hagas caras ni comentarios feos. Nada: tú llegas, saludas y convives como la duquesa elegante e imperturbable que eres. Que de tu boca no salgan los comentarios incómodos, que de tu cuerpo no emanen los comportamientos inmaduros. De hecho, verás que solo devendrán tres escenarios:

 Sigues por siempre esta convivencia limitada y sana que se vuelve cómoda para todos.

 Sigues esa convivencia sana e incluso aumenta, se superan las adversidades y se llevan de lo mejor. ¡Bien ahí!

 Sigues esta convivencia, pero lxs amigxs siguen manifestando una hostilidad o un comportamiento extraño para incomodarte.

 **TEO:** ¡AQUÍ LES VA UN RAYO LUNAR POR LA COLA, CULEROS!

 Nunca se debe llegar al último punto porque en ese caso solo quedan escenarios incómodos en los que se debe decidir por lxs amigxs o por la pareja. Algunos dirían que todo se soluciona con prohibir los amigxs, pero...

¿PROHIBIR AMIGOS?

PEPE:

SI MI PAREJA UN DÍA ME DIJERA: «OYE, NO PUEDES VER A TAL», YO LE RESPONDERÍA, AIROSA, BELLA Y DULCE: «PERDÓN, AMADO MÍO, PERO ¡TÚ QUIÉN VERGAS ERES PARA PEDIRME ESO!».

Aun si es el amor de tu vida, no debe prohibirte nada ni a nadie. Es tu compañero de juego, no tu jefe final. Si en algún momento te pasa por la cabeza alguna duda, háblala, pero prohibir nunca es sano.

Sin embargo, **permítete escuchar todo** y considera tu entorno. Hay veces en que pueden pedirte que te alejes de ciertas amistades por una preocupación real y honesta.

Prohibir está mal.

Nadie debe prohibirte nada, pero tú tampoco debes hacerlo. Si nada más es porque te cae mal y ni siquiera das la oportunidad de charlar o de llevar la fiesta en paz, reconsidéralo todo.

Lo decimos porque estas prácticas de obstaculizar amistades se han normalizado cada vez más y no están nada bien. Las relaciones tóxicas tienen este síntoma de prohibirse mutuamente las relaciones con otras personas. Y esto aplica en cualquier tipo de relación de pareja. Siempre sé realista.

Recuerda que nada es perfecto y a veces debemos pasar el mismo nivel del videojuego varias veces, sobre todo si queremos encontrar todas las monedas y prepararnos para el siguiente nivel...

Si ya te sabes este de memoria, platícalo con tu pareja. Vuelvan leer el libro juntos y, en una de esas, compártelo con lxs amigxs que sientan celos de ustedes. Haz como que se te cae entre sus cosas todo subrayado o regálale un bello ejemplar de esta obra con una cartita que explica cómo te sientes.

Ahora sí: disfruta todas tus relaciones y, si es posible, crea tu comunidad de seres amorosos y continúen este videojuego como equipo.

Segundo nivel: FAMILIA

Escenario: La casa de los padres
Jefe final: Los suegros
Tus habilidades especiales: Más chistes, un platillo especial para la comida, fotos de tu infancia

Aparecen afuera de la casa de tus papás. Tienen la vida restaurada y un campo de protección especial porque se arreglaron con los amikes y se dieron cuenta de que juntxs son más fuertes. Es momento de entrar a esa reunión en la que tu familia conocerá a tu pareja. **Cuidado:** habrá primitos de esos que se te pegan a las piernas y te ensucian con caramelos, tías que te pellizcan cuando te saludan y juzgan todo lo que se mueve, tíos que hacen comentarios incómodos y juran que la homosexualidad se contagia por condiciones ambientales. Claro, este es el modelo de familia «tradicional», como vimos en *La estupenda guía para vivir la vida a tu manera* (búscalo para llegar mejor preparado a este nivel).

FINAL QUEST!

Ahora, si en casa hay menos personas, pues menos jefes que vencer. Quizá la única batalla sea contra la poderosa jefa del hogar... o quizá no exista batalla alguna. No queremos decir que todas las familias sean difíciles. Si tu familia acepta a todos sus miembros: ganaste automáticamente el videojuego, eres la reina y te abrazamos desde aquí. Si no es así, sigue explorando este nivel, también te abrazamos, hermana, y te daremos los trucos que nos han funcionado.

BonusLevelHack:

Si nunca has tenido este tipo de situaciones en casa, no te saltes el nivel, que diga, el capítulo, porque una cosa es tu casa y otra muy distinta la de tus parejas... Recuerda siempre tratar de comprender, apoyar y hacer equipo con tu amorcito.

Ya sea que apenas se vayan consolidando como una relación estable o que ya estén en camino al matrimonio, esto es lo que va a pasar: **serás miembro de la familia de tu pareja y tu familia le dará la bienvenida a tu pareja.** Es bonito, en cierto sentido, porque la familia se hace más grande.

¿Y si no se caen bien? Ay, pues es muy común y no deja de ser triste, pero tampoco puedes obligarlos. Eso sí: tampoco deben meterse en tu vida, ni tu familia en tu relación ni tu pareja con tu familia. Si alguna de las partes involucradas comienza a criticar, opinar cuando no le preguntas y a sugerir cosas que te incomodan, no te está respetando. **Establece límites** y pide que, si no va a apoyar, por lo menos respete.

Asimismo, ponte en los zapatos de tu pareja: para su familia tienes que ser la lotería en persona, pero no siempre pensarán que lo eres.

Están en la reunión familiar y notas un ambiente tenso.

¡Estrategia, bebé!

Utiliza tu primera habilidad: cuenta un chiste o una anécdota graciosa sobre tu pareja (siempre que sea algo que se pueda compartir y que no ridiculice a nadie). Esto hará reír a todos y podrían comenzar a verlxs como la hermosa y simpática pareja que realmente son.

No funcionó por completo, el ambiente se vuelve pesado, todos los jugadores se miran entre sí esperando a que alguien se mueva para decidir atacar. ¡Segunda habilidad activada! Sacas, quién sabe de dónde, una tarta de manzana que «prepararon» la noche anterior y encantas a la familia con el irresistible dulzor de un buen postre. Solo asegúrate de quitarle bien la etiqueta a la caja.

Pasaron al momento de la sobremesa, aunque has sido muy astutx y has vencido a varios jefes: la tía ya está encantada haciendo preguntas incómodas sobre el futuro de la pareja, los primitos ya están pegados a un videojuego «de verdad» y el tío incómodo se quedó dormido viendo un partido de futbol. ¡Bai!

Ahora te enfrentas al momento crucial de la tarde: el cafecito se está enfriando y la suegra comienza a moverse en su lugar, preparándose para atacar...

¡Poderes de los bebés más hermosos, actívense!

PEPE

Tendrán que jugar en equipo por completo. No importa si es tu mamá o tu suegra, van a conquistarla juntxs. Ella ve a su hijx como uno de sus más grandes amores, lx concibió y protegió, lx crió para merecer el mundo entero y ahora tú se lo vas a arrebatar —o estás siendo arrebatado— de sus brazos. La madre siempre tratará de proteger a su cría de los extraños y, para ella, eres lo más extraño.

Tienes que ganarte a la suegra, más que con regalitos o tartas, haciéndole ver que cuidas bien de su retoño. Obviamente, tuvo que haber sido criado por una mujer maravillosa como ella. Con eso ya bajaste sus defensas, es momento de utilizar la carta final, el último cartucho, la habilidad irresistible: **¡recuerdos de la infancia!**

Difícilmente una madre se niega a platicar de la infancia de su hijo o a mostrar fotos que lo ridiculicen. Disfruten la victoria y la próxima vez inviten a la suegra a cenar en algún restaurante lindo o cocinen alguna receta de nuestro canal. Ya te puedes quitar el traje de colegiala de la luna, baja ya esa varita mágica, ¡bájala! Bá-ja-la. Ok, haz lo que quieras.

BonusLevelHack:

Si sientes una hostilidad por parte de alguien de su familia hacia ti, es supersano hablarlo con tu pareja para ver qué se puede hacer. Y díselo tranquilamente:

«Oye, es que no me siento tan bienvenido en tu familia». Porque quizá sienta lo mismo. Parte de tu decisión de tener este compromiso de pareja es que van a cultivar o están cultivando la comunicación como pilar fundamental, así que platiquen todo y lleguen a acuerdos.

Cada capítulo volveremos a repetirlo, no nos importa que te aburra, pues es lo más importante en cualquier relación: **sean sincerxs entre ustedes.** Como pareja deben tener momentos de honestidad absoluta, ahí es cuando puedes hablar sobre esta situación tan delicada. En este círculo de confianza y amor se toman las decisiones para llevar la fiesta en paz con todxs.

Ahora bien:

si tu familia hace comentarios sobre tu pareja o tú mismo detectaste cosas extrañas en ella, no te vendes los ojos por amor, escucha a quienes te quieren, considera lo que tú también estás notando. No es sano negar a nuestros seres queridos por amor ciego a la pareja, muchas veces pueden ver cosas desde fuera. **Escúchalos, reflexiona y reconsidera:**

¿No crees que siempre se le pasan las copas?

Oye, por lo que me platicas, ¿no será medio violento?

¿Y no te importa que no tome en cuenta tus opiniones?

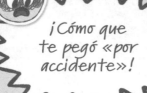

¡Cómo que te pegó «por accidente»!

Toma en cuenta este tipo de comentarios que denotan una preocupación por tu bienestar. Escúchalos todos y, si crees que es pertinente, háblalos con tu pareja. Así podrás distinguir aquellos reclamos que son verdaderas alertas de los que solo pretenden criticar tu relación:

Ay, es que es muy callado.

Ay, es que está muy pálido.

Ay, es que se viste rarísimo y no sale bien en las fotos.

PEPE:

¡PUES NO ME IMPORTA CÓMO SEA, MAMÁ, ME VOY A CASAR CON ERNESTO ALONSO LOMBARDI DE CASTILLA!

Si todos los reclamos son superficiales y solo pretenden dañar la imagen de tu pareja, no les hagas caso; solo son comentarios provenientes de una concepción muy banal de lo que es el amor. Nos duele decirlo, pero **también existen familias y amistades tóxicas.**

Utiliza los principios de **amor propio** para reconocer lo que te hace daño. Nada de drama ni de líos. Observa si hay algo de toxicidad en el aire y detén situaciones incorrectas: **«Oye, mamá, es mi pareja, respétala»,** y viceversa: **«Oye, amor, es mi familia, respétala».**

Todo se trata de conciliar fuerzas, de encontrar equilibrio. No adoptas todas las tradiciones de tu familia ni las de la familia de tu pareja, pero las respetas y participas para demostrar tu cariño. Si ya te tocó vestir al niñito Jesús y tú ni católico eres, pues ya ni modo.

Si la familia de tu pareja es católica y tú no, explícale de la mejor manera y no le prendas fuego al pesebre. Ni cuenta te vas a dar de cuando ambas familias se vuelvan amigas y todxs estén en un grupo de WhatsApp lleno de bendiciones, piolines y chistes malos.

Si no es el caso y las familias no aceptan su relación, tranqui, nosotros te ayudamos desde aquí. **Aguanta en nombre del amor** y regálenle un ejemplar de este libro a sus familias: van a reír, nos van a amar y entre todxs comprenderemos nuestras diferencias.

CÓMO SER LA FAMILIA MÁS AMOROSA DEL MUNDO

¡Hola, familia!

Este es un mensaje de la increíble persona que les prestó este libro. Sabemos que quieren lo mejor para su criatura, así que, si de verdad desean verlo feliz, les recomendamos lo siguiente:

 Respeten las decisiones que tome su hijo o hija con su pareja.

Sin ánimo de ofender, ustedes no son parte de esa relación. Limítense a opinar cuando se los pidan. Háganle la vida más fácil a su ser querido y déjenlo que aprenda con sus propias decisiones. Esa es una gran manifestación de amor.

 Las ausencias en las reuniones familiares no significan abandono.

La verdad es que sí se siente feo no verlos en las comidas de los domingos ni en los cumpleaños, pero tranqui: su criatura no ha dejado de amarlos ni los cambió por una relación del pecado. Siempre va a estar ahí, solo que a veces tiene otros compromisos o simplemente quiere darse un descanso. Si quieren que los visite, comuníquenselo de buena manera y lleguen a un acuerdo.

Si es necesaria la presencia de la pareja, avisen con tiempo.

Las fiestas familiares en grande son importantes: bodas, quinceaños, Navidad, borracheras, recalentados, etc. Si es crucial que su criatura y su pareja estén presentes, invítenlos, avisen con tiempo y pídanles un postrecito. Estos gestos que consideran el tiempo y la relación de su bebé se convierten en recuerdos bonitos que fortalecerán el amor de la pareja y el amor hacia ustedes.

Recuerden que en toda historia hay dos caras de la moneda.

A veces su hijo o hija llega a contarles su versión de algún problema marital, también escuchen la otra versión y no tomen partido. Piensen que, aun teniendo las dos versiones, ustedes no estuvieron ahí. Den su opinión si se las piden, pero de una manera asertiva y prudente.

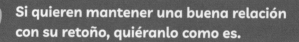

Si quieren mantener una buena relación con su retoño, quiéranlo como es.

Apoyen sus decisiones, escuchen sus problemas, empaticen. No sean la familia difícil que aleja a sus seres queridos por incomprensión. Sean buenas personas con la pareja de su criatura. Si algo no les late, coméntenlo de manera amable y recuerden que todxs merecemos respeto. Si la pareja se siente bien con ustedes, apapáchenla y recíbanla con amor; quizá no tiene la misma suerte del otro lado de la familia. Conviértanse ustedes en un hogar para la pareja. ¿No saben cómo arroparla? Fácil: **trátenle como le gustaría que trataran a su hijo o hija.**

Ahora regresen el texto a quien se lo dio y, si ya están listos para ser parte de una familia amorosa, denle un enorme abrazo y díganle cuánto lo aman.

Ya si después quieren, se echan todo este librito que está rebueno.

CÓMO SER UNA BUENA AMIGA O UN BUEN AMIGO DE TU SER QUERIDO

¡Hola, amike!

Este es un mensaje de la personita especial que te prestó este libro. Sabemos que quieres lo mejor para él, ella o elle, así que, desde lo más profundo de tu corazón, trata de considerar lo siguiente:

1. Respeta las decisiones que tome con su pareja.

Tú no estás cogiendo con ninguno de ellos, no eres miembro de su relación y no sabes cómo es su dinámica de pareja, así que no te metas. Si no hay razones de vida o muerte para intervenir, únicamente opina cuando te lo pidan. No te gustaría que ellos se metieran en tus asuntos, ¿verdad?

2. Las ausencias en las reuniones no significan abandono.

Este es uno de los mayores conflictos. Siempre es triste que nuestras personas especiales no estén en los mejores momentos, pero no hagas un drama: todxs pasamos diferentes etapas y somos personas con una vida independiente de nuestro círculo de amistades. Entiende que tu amigx siempre va a estar ahí, pero también tiene una vida con su pareja: familias, amigos, trabajo y mucho sexo; respeta su tiempo. Si de plano sientes un abandono gacho, díselo, explícale que lx extrañas y que te gustaría que se vieran de vez en cuando para chismear y echar un trago.

115

3. Si es un evento en solitario o con pareja, avísalo.

Los malentendidos provocan pleitos innecesarios. Comprende que ahora son dos y se aman. Si tienes un evento al que quieres invitar solo a tu amigx, háblalo con honestidad, verás que no pasa nada. Si te condiciona y dice que no puede ir sin su pareja, dile que se ven después, no pasa nada. Asimismo, si requieres la presencia de tu amigo y su pareja para una celebración importante, invítalxs con tiempo y hazlxs sentir parte del evento. ¡Detallazo como inicio de una buena relación!

4. Si ves algo, coméntalo de la forma más empática posible.

Primero que nada, debes tener absoluta certeza. Ya sea que la pareja de tu amigo solo estaba tomando un helado con alguien en Reforma o que de plano lo viste comiéndose a alguien más, debes estar segurx y solo comentar lo que viste, sin exagerar, sin hacer juicios, sin emitir opiniones que no te pidan. Es difícil no ponernos del lado de nuestros amigxs, pero muchas veces hacemos más daño al inventar cosas; deja que ellxs se arreglen. De verdad: si logras mantenerte a raya, escuchar y estar cuando te necesita, te amará más que nunca.

EXTRA TIP: A veces sucede que te llama para pedirte que digas que está contigo, porque en realidad anda de infiel. Desde nuestro punto de vista, bajo este contexto social en el que las mujeres y la comunidad LGBT siguen siendo castigadas, la primera preocupación ante la ausencia será la integridad de la persona. El encubrimiento, en estos casos, podría evitar preocupaciones innecesarias. Resolver los problemas de infidelidad es asunto de la pareja, no tuyo.

5. Recuerda que las monedas tienen dos caras y nadie es monedita de oro.

Tu amigx te cuenta: «Es que me mentó la madre», pero no te dice que antes también lx insultó. Y tú como amigx te unes en su dolor y comienzas a sentir odio hacia su pareja. Calma. Te cuente lo que te cuente, veas lo que veas, tú no conoces toda la historia. En la intimidad pasan muchas cosas que nunca sabrás, por ello no debes tomar partido aunque sea tu amigx. Si no se trata de un verdadero asunto de vida o muerte, mejor ni te metas.

En resumen: sé una buena persona con esa otra que ama a tu amigx, conviértelo en parte de la pandilla, del *squad*, o por lo menos **trata a la pareja de tu amigx como quisieras que sus amigxs lo trataran a él.**

Ahora regrésale el libro a quien te lo dio y si te sientes listo para demostrar que lx amas, dale un abrazo enorme y hazle saber que siempre estarás a su lado.

Después ve por un ejemplar y échate todo este librazo.

¿Cómo te fue con las familias y los amigos? ¿Mejor? No olvides que esto es poco a poco. Permite que las demás personas asimilen tu relación y se acerquen, no las presiones ni las ahuyentes.
A ti solo te resta saber que puedes hablar con las amistades o los familiares de tu pareja para que te ayuden a organizarle una fiesta sorpresa, pero no se vale que les hables para sacar información, para chantajear o para manipular.

Llévate bien con sus amigxs, haz que se lleven bien con tu pareja y que siempre reine la cordialidad y el amor.

 **PEPE:**
NOSOTROS TE PINTAMOS LOS CASOS MÁS COMPLICADOS PARA QUE LOS TOMES EN CUENTA, PERO LA VIDA NO ES TAN FEA.

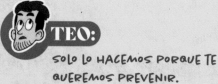 **TEO:**
SOLO LO HACEMOS PORQUE TE QUEREMOS PREVENIR.

En realidad, casi siempre lxs amigxs y las parejas se llevan bonito.

METAS DE VIDA

Ya se quieren a sí mismos, entre ustedes y a sus personas cercanas. ¡Van muy bien, hermana! Creemos que es momento de que confíen en sus relaciones y den el siguiente paso: mantener sus metas personales y profesionales. Esto demuestra el amor propio que se tiene cada quien, lo cual coincide y suma para crear las metas en conjunto.

Desarrollen metas en común, es parte de una buena relación. Esto puede ser desde las cosas más comunes como volverse *fitness* hasta decidir comprar una casa; desde organizar su boda en Puerto Vallarta y llevar a toda la familia hasta querer adoptar o tener hijos.

Aun así, debes mantener tus propios objetivos de vida profesional, académica, económica, física, etc. Trata de que todo esto empuje hacia adelante tu relación porque si no hay metas individuales o de relación, no hay propósito de vida.

AMOR PROPIO
+
AMOR PROPIO
=

AMOR CHINGÓN

Dos errores comunes

1. **No conviertas
sus metas en las tuyas.**

No te vuelvas a confundir: si quiere dirigir una empresa
o concretar un gran proyecto, ese es su sueño y tú
estarás dispuestx a apoyar, pero no a resolver. Puedes
ayudar, claro, pero no lx vas a estar acarreando, no vas
a ser su asistente personal (menos si no te paga),
no vas a buscarle oportunidades con todo el mundo.
Te recomendamos no mezclar las metas profesionales
con los sentimientos.

2. **No caigas en el error
de minimizar sus logros.**

Como cuando llega bien contento a contarte:

*¡¿QUÉ CREES?! ME
AUMENTARON EL
SUELDO DOS PESOS.!*

ESPOSOPEPE:

*MMMTA... ADIÓS, VENECIA;
HOLA, XOCHIMILCO.*

De nuevo, contesta y
comunícate con amor. Mejor
celébralx y hazle ver su
verdadero entorno laboral:

*¡¿QUÉ CREES?! QUE
ME AUMENTARON
DOS PESOS EN MI
SUELDO.*

ESPOSOTEO:

*¡UY, TODO SUMA! QUÉ BUENO QUE
SEPAN QUE VALES MUCHO, Y SI
NO, OTROS TE TRATARÁN MEJOR.*

Tu rol como pareja es motivar, emocionarte y animar a tu ser amado en sus metas y en las de pareja. Estas últimas, como decíamos, pueden ser de todo tipo y, a su vez, provocar nuevos objetivos personales en cada quien. Por ejemplo:

ECONÓMICO

Ambos quieren aumentar el flujo de dinero. Ya sea porque quieren comprar una casa en Miami o en Cuautitlán. Cada quien —de manera individual— querrá un puesto laboral más alto, conseguir más clientes, la consolidación de un proyecto grande o cualquier medio que incremente sus ingresos en aras de aumentar su capital conjunto y tener la casa de sus sueños. ¡Kemosión!

EMOCIONAL

Cada quien busca la manera de curar sus heridas de amor para llegar entero a este compromiso. Cuando estamos en una relación, no todos nuestros problemas le corresponden a nuestra pareja; hay asuntos que podemos trabajar por separado para no agotar nuestra batería emocional. Así les será más fácil mantener libres esos canales de comunicación. Tú superas tus *issues* y tu pareja los suyos, siempre apoyándose.

✔ SEXUALES

Tienen como propósito que todo el tiempo haya chispa. Cada quien tiene sus fantasías y se pueden cumplir si la relación es abierta y recíproca. Si ya le tocó disfrazarse de tigresa y hacer una misa negra, ahora te toca a ti vestirte como cartero sensual y salir con sombrerito a tocarle el timbre. Asimismo, cada quien se encarga de su salud y de su cuerpo. Cumplan con el trabajo individual que les corresponde para que hagan el dulce amor todo el tiempo.

Pónganse las pilas, siempre echándose porras para crecer juntos y para cumplir esos sueños que le dan una emoción increíble a la relación y a la vida misma.

Por tu parte, actúa siempre de la mejor forma.

Disfruta el papel que te toque interpretar en los diferentes escenarios que se presenten y siempre recuerda que tú eres la protagonista de esta historia de amor.

Beso a beso, paso a paso. Agarraditos de la mano.

Oye, ya te puedes quitar el traje de colegiala y guardar tu varita de rayos lunares. Bueno, si quieres.

Capítulo

5

¿Queremos dar el siguiente paso?

¡No te importan los dramas! Amas a tu pareja

y quieres dar el siguiente paso, pero no sabes cuáles son los requerimientos legales para casarte.

¿ESTOY LISTA PARA EL SIGUIENTE PASO?

 **TEO:** EL CORAZÓN TE LO DIRÁ.

> NO-NO, NO-NO, NO-NO, NO-NO.

 **PEPE:** PARA MÍ, EL SIGUIENTE PASO ES DARLE MIS CONTRASEÑAS DE MIS REDES SOCIALES, ASÍ QUE CONCUERDO CON LO QUE DICTA EL CORAZÓN.

Esto es de lo más difícil, porque cada mañana que te levantas y miras sus hermosos ojos abrirse como flores, por supuesto que quieres dar el siguiente paso y casarte ahí mismo en pijama.

Pero de inmediato te acuerdas del drama de la semana pasada y pues qué miedo compartir el resto de tu vida con esa persona.

No te preocupes, ni te adelantes. Primero lo que más importa: lo sentimental.

Y como sabemos que te encanta hacer las tareas que te dejan sus tías, ahora tu pareja y tú deben resolver el siguiente test. ¡Aplicadxs!

TEST PARA SABER CUÁNDO DAR EL SIGUIENTE PASO
By Pepe&Teo

Para tener la seguridad de que estás tomando la decisión correcta, contesta las siguientes preguntas y posteriormente lee los resultados finales.

1. ¿Llevamos más de una semana juntxs?　　○ Sí　○ No

2. ¿Aguanto todos sus olores?　　○ Sí　○ No

3. ¿Me duele que se adelante en la serie que estábamos viendo juntxs?　　○ Sí　○ No

4. ¿Soporto que se coma una de mis papitas a la francesa?　　○ Sí　○ No

5. ¿Le aguanto que nunca quiera coordinar nuestros *outfits*?　　○ Sí　○ No

6. ¿Me sigue gustando aun después de oler su aliento matutino?　　○ Sí　○ No

7. ¿Me talla rico la espalda cuando nos bañamos juntos?　　○ Sí　○ No

8. ¿Pasa por mí a cualquier lugar por iniciativa propia?

○ Sí ○ No

9. ¿Me manda todos los días mensajitos de amor, *stickers* sexuales o memes que sabe que me gustan?

○ Sí ○ No

10. ¿Me sigue dedicando canciones?

○ Sí ○ No

11. ¿Sabe qué comida odio?

○ Sí ○ No

12. ¿Me veo siendo detallista mientras dure la relación?

○ Sí ○ No

13. ¿Me procura en todos los aspectos, hasta en los más insignificantes?

○ Sí ○ No

14. ¿Me sorprende con salidas románticas en globo aerostático o por unos tacos?

○ Sí ○ No

15. ¿Me sigue prendiendo la llama del amor? ○ Sí ○ No

16. ¿Aguanto sus ronquidos, patadas, sueños raros y demás comportamientos a la hora de dormir? ○ Sí ○ No

17. ¿Me trago todos sus fluidos? ○ Sí ○ No

Si contestaste Sí a la mayoría de preguntas, pues ya estás listx: dale el anillo en este instante.

Pero si contestaste No en la mayoría, pues termina inmediatamente con tu pareja y nunca más la vuelvas a ver.

FIN DEL TEST Y DE TU RELACIÓN

 **PEPE:** ¡ACIERTAAAAA!

 **TEO:** TODO ESTO ES UNA BROMA PARA ~~AMARRAR NAVAJAS~~ GENERAR CONVERSACIÓN EN LA PAREJA. LXS AMAMOS.

Pero el espíritu de este jueguito sí es importante. Lo que queremos decirles es que, **a nivel romántico,** necesitan cuestionarse desde lo más profundo, sentimental e intelectual, hasta lo más banal. A veces los detalles lo son todo.

Ustedes son lxs únicxs que saben si están listos. No te presiones y no lx presiones. El llamado del matrimonio va subiendo de intensidad por su cuenta y en algún momento será natural atenderlo.

Si este pensamiento se ha vuelto constante pero todavía tienes algunas dudas a nivel sentimental, por favor toma en cuenta esto:

Si te hace sentir segurx, **ahí es.**

Si piensas que nunca te va a lastimar, **ahí es.**

Si le importan tus intereses, **ahí es.**

Si valora todas tus emociones, **ahí es.**

Si siempre te presta atención, **ahí es.**

Si te apoya en todos tus problemas, **ahí es.**

Si aprende (crece) junto contigo, **ahí es.**

Si puedes hablarle de todo, **ahí es.**

Si confía cuando estás pegadx al celular o cuando sales con alguien más, **ahí es.**

Si te ves pasando las mañanas con él, **ahí es.**

Si te hace sentir guapa, linda, sexy, inteligente y empoderada, súper **ahí es.**

¿QUÉ SE NECESITA PARA CASARSE?

Románticamente

PEPE: PUES SE NECESITA QUE LOS DOS QUIERAN.

TEO: Y NECESITAN AMOR, COMUNICACIÓN, ESTABILIDAD, PAZ, ENTENDIMIENTO, PACIENCIA, PRUDENCIA, FUERZA, CIENCIA, INTELIGENCIA, CIVISMO, PATRIOTISMO, NACIONALISMO Y MUCHOS VALORES MÁS.

Ya en serio: lo que necesitan es que cada unx se ame a sí mismx para amar a la otra persona y amarse juntos.

Querer una boda toda preciosa e increíble con el amor de tu vida también es un sueño de la diversidad.

A lo mejor tú y tu pareja son la clase de chicxs que desde pequeños anhelaron casarse con alguien maravilloso para compartir el resto de su vida. Si eres de estas personas, seguro desde temprana edad imaginas todo sobre tu boda. ¿Por qué? Quizá porque sientes que es uno de los momentos más importantes de la existencia humana, por lo menos de la tuya. **¡Claro que lo es!**

133

Por eso, un acontecimiento que esperas con ansias es que tu pareja ideal se ponga de rodillas en un lugar inesperado, saque un estuche de su bolsa, te muestre el anillo que hay adentro y te diga: *¿Quieres casarte conmigo?* *Te desmayas, pero antes dices que **SÍ**.*

¡RIIIIING!

Lloras lágrimas de felicidad, aceptas la propuesta, llamas a tus seres amados para contarles la noticia (si no es que parte de la sorpresa que preparó tu amorcito incluye a tu familia y/o mejores amigos). ¡Kemonito!

En ese preciso instante comienzas a imaginar las flores, las sillas, los centros de mesa, el menú para la comida, si quieres hacerla en la ciudad, en la playa o en un lugar escondido; si será íntima o querrás tener a 400 personas en el festejo y, por último pero no por eso menos importante, visualizas lo que vas a usar cuando camines hacia el altar (en sentido figurado, porque si eres LGBT+, no podemos unir nuestras vidas en la mayoría de sus templos religiosos).

Al fin estás llegando a ese momento que puede percibirse como anticuado, pero debemos recordar que todos somos dueños de nuestra vida, de nuestras decisiones y de buscar nuestra felicidad. Así que, si después de tantos años de experiencia (y de leer este libro), sientes que tú o tu pareja son de los que quieren su: *Y vivieron felices para siempre...*

¡Está perfecto y eres libre de perseguir ese sueño!

También recuerda que si este cuento no es como lo habías planeado desde que tenías seis años, no pasa nada, puede ir cambiando conforme creces, a veces puede modificarse cuando encuentras a tu alma gemela, que tendrá su propia visión respecto de lo que quiere vivir a tu lado y cómo quiere vivirlo.

Lo importante es tu felicidad, así que dedícate a planear la mejor noche de tu vida, celebra que a tu lado está la persona que más amas en este universo: ¡y haz la boda de tus sueños realidad!

Legalmente

Si tú eres uno de los muchos heterosexuales que leerán este libro, tienes el camino mucho más sencillo. ¡Aprovéchalo y gózalo!

Pero si eres parte de la comunidad LGBT+, sabemos que hay ciertos baches que podremos encontrar en el camino, como el que ya comentamos de la iglesia y otros a nivel legal que te contaremos ya mismo.

MATRIMONIO IGUALITARIO

Es la bonita unión entre dos personas del mismo sexo de forma legal. ¡Khermoso!

Sabemos que para **algunas** personas heterosexuales esto puede parecer un capricho, pero no es así.

En México, la Suprema Corte de Justicia de la Nación emitió una jurisprudencia desde el año 2015 en la que **obligaba a toda la nación a aprobar el matrimonio igualitario, así como a permitir la adopción y todos los beneficios que implica un matrimonio, incluida la seguridad social.** Pero algunos estados siguen sin acatar esta determinación. ¡Aun cuando existe una iniciativa a nivel nacional a favor del matrimonio igualitario impuesta por el Poder Legislativo!

> Sin embargo, aquellos estados en los que aún está «en revisión» y no se toma acción, los activistas siguen empujando para que sea una realidad en TODO el país.

A nivel mundial también se sigue avivando la discusión para que el matrimonio igualitario sea una realidad, pero no se ha conseguido por completo. Hoy en día es mayor el número de países en el que no es posible. **Y peor aún: hay países en los que la homosexualidad sigue estando criminalizada.** Actualmente, más de 70 países del mundo penalizan/criminalizan la homosexualidad, la mayoría en África. Ese número va disminuyendo, en gran medida, gracias a la presión de activistas a nivel internacional , aunque no a la velocidad que quisiéramos. Esperamos que próximamente el amor entre dos personas del mismo sexo no sea considerado un crimen en ningún rincón del mundo.

Love is love

FAMILIAS DIVERSAS

¡Holi, providas!

Sabemos que tú no eres de ellos y si sí, después de este bello libro estarás replanteando tus paradigmas y abriéndote a la conversación. ¡Bien!

Mira, a todxs nos contaron una historia sobre las familias basada en la religión, pero esa información es de siglos pasados. Hoy existen numerosas estructuras familiares, estas son las más comunes:

Familias tradicionales:
Mamá hetero, papá hetero e hijxs.

Familias monoparentales: Aquí solo hay una madre o un padre debido a que hubo una separación. Residen, al menos, con un hijo o una hija menor de 18 años y pueden estar acompañadxs de otros miembros, como abuelxs, hermanxs y mascotas.

Familias reconstituidas: Una pareja que tiene hijos de otra relación. Suelen vivir en unión libre.

Familias adoptivas y temporales: Con hijxs naturales o no, pero hay criaturas adoptadas o a las que se les brinda un hogar temporal mientras encuentran uno definitivo.

Familias multiculturales:
Uniones entre personas que proceden de entornos culturales o étnicos diferentes y que forman una familia en el país de acogida.

Familias homoparentales/ lesboparentales:
Parejas del mismo sexo que pueden convivir solas, con hijxs propixs, adoptadxs o concebidxs a través de técnicas de fecundación artificial u otras vías alternativas.

Así que cuando pienses en familia, no solo pienses en un tipo: piensa en todas las formas que existen y recuerda que la diversidad genera un entorno inclusivo.

México se está volviendo cada vez más diverso

De acuerdo con datos del Instituto Nacional de Estadística y Geografía (Inegi), de los 28.7 millones de hogares que hay en México, 59.3% está conformado por **familias diversas.**

Si tú ya eres miembro de esta estadística y representas a nuestra comunidad: *a-ma-zing!* ¡Vive feliz con tus seres queridos!

Y si tú no tienes una familia diversa, no solo no juzgues: apoya a quienes están en una. Poco a poco se construirá una población a partir de familias diversas.

Así que si las ves en el súper, en el museo, en la escuela, en el parque, en donde sea, te darás cuenta de que solo quieren el mismo trato que todas los demás. ¿Por qué? Porque son como cualquier otra familia de tu localidad. Dejemos de buscar diferencias en lugares donde reina el amor.

No solo es importante respetar: también lo es educar a las nuevas generaciones para que tomen decisiones a partir de lo que quieren y no de lo que les dicen «los grandes». La convivencia normal une el tejido comunitario y todxs crecen con una perspectiva de género amplia y real.

¡Como siempre, la esperanza son lxs niñxs!

ADOPCIÓN

Si decidiste formar una familia con tu pareja, debes tomar en cuenta esta alternativa para que puedan tener hijxs legalmente. Como en todo, hay quienes van muy tarde: actualmente, menos de la mitad de las entidades de México cumplen con este derecho.

Sin embargo, en algunos otros estados el DIF local se ha pronunciado a favor de permitir la adopción a cualquier tipo de familia diversa, siempre y cuando cumpla con los requisitos que piden a todxs lxs adoptantes.

Si te interesa, investiga en tu localidad sobre este tema y cumple tu sueño de tener la familia que deseas.

Vientre subrogado

Tipificado en algunos países como otro tipo de adopción, el vientre subrogado es en términos fríos el alquiler de un vientre para que conciba a un bebé. Así como Phoebe en *Friends*. Ricky Martin y Kim Kardashian son personas que han optado por esta forma de tener hijxs.

Este es un proceso más complejo que la adopción porque en ciertos países todavía no existe una postura legal, en algunos solo se acepta si la gestadora lo hace por altruismo y en otros está prohibido.

En este caso, y en el de la adopción tradicional, se deben cumplir normas muy particulares apegadas al marco legal de cada localidad. Además, dichos estatutos están en constante cambio; por ello, te pedimos que hagas tu propia búsqueda desde el lugar donde resides.

Si en tu localidad no se permite ningún tipo de adopción, sigue estando prohibido el matrimonio igualitario o careces de cualquier tipo de derecho sexual o reproductivo: hermana, es momento de armar tu *GaySquad*, *GirlGang o NonGenderBand*. ¡Poderes de la comunidad más fantástica, actívense!

¡Y A LAS CALLES!

El activismo de la comunidad LGBT a lo largo del tiempo ha salvado vidas humanas y ha cambiado el mundo para que hoy puedas leer este libro, amar a quien tú quieras sin que te juzguen y llevar esta lucha cada vez más lejos. Su resistencia, empuje y amor nos han permitido gozar de los beneficios que hoy tenemos.

Muchxs de ellxs dieron su vida en la lucha contra la LGBTfobia y siempre es importante recordar y honrar a todxs aquellxs que nos anteceden. Está en nosotros continuar con su legado para alcanzar todas las metas con las que alguna vez soñaron.

PEPE

Desde que empezamos nuestro camino en el mundo de YouTube, conocimos a activistas que nos tendieron la mano cordial y amorosamente. Nos enseñaron y nos reeducaron. Desaprendimos todas aquellas nociones que estaban fuera de lugar, así que nosotros tratamos de ayudarlxs siempre a promover y ampliar sus voces sin querer ser protagonistas, sino simplemente compartiendo sus valiosos conocimientos con nuestra audiencia. Al hacer eso hemos podido lograr que su mensaje llegue a más personas.

Definitivamente, sin todas las personas que han hecho algo por esta increíble comunidad, sus tías Pepe y Teo, nosotras, las primeras actrices, las hermosas damas del buen decir, elegantes panteras de la noche, no existiríamos. Probablemente estaríamos luchando con nuestros círculos cercanos y con nuestros propios demonios. Así que no nos queda más que agradecer a todas y cada una de las personas que desde su trinchera hacen este mundo mejor y más inclusivo.

TEO

La resistencia y la incansable resiliencia son nuestras mejores armas de activismo ante cualquier situación adversa. **Gracias, Nancy Cárdenas. Gracias, Marsha P. Johnson. Gracias, Harvey Milk. Gracias a tantas heroínas y héroes LGBT+ sin nombre. Gracias, aliadxs heterosexuales, por ayudar a la amplitud del movimiento LGBT a lo largo de la historia y en la actualidad.**

MARCHAS/PROTESTAS

A lo largo del tiempo, la comunidad LGBT ha levantado la voz en repetidas ocasiones.

El movimiento moderno más significativo de los derechos LGBT fue en 1969, en los disturbios de Stonewall Inn, un bar de Nueva York donde se inició el movimiento de liberación de género en Estados Unidos.

En México, la primera marcha LGBT tuvo lugar en la capital, en junio de 1979, y fue organizada por el Frente de Liberación Homosexual de México.* Si bien no fue la primera manifestación pública de un grupo de personas homosexuales, sí se trató de la primera identificada como tal en nuestro país.

En temas de VIH, las marchas para solicitar ayuda médica y acción oportuna también marcaron las formas en las que se protesta. Recordamos el poderoso lema «Silence = Death» (Silencio = Muerte), creado por el colectivo **Silence=Death Project** y usado también por **ACT UP (AIDS Coalition to Unleash Power:** Coalición del SIDA para desatar el poder) como símbolo de la lucha contra el sida en los años ochenta.

*(https://www.gob.mx/cultura/articulos/breve-historia-de-la-primera-marcha-lgbttti-de-mexico).

Estos movimientos han sido vitales para la liberación de los movimientos LGBT. Para nosotros siempre será transcendental hacernos presentes en marchas y protestas. La organización social siempre será generadora de cambio y acción política.

> **El movimiento más contundente a lo largo del tiempo es el feminista y de liberación femenina. Siempre ha sido también el más significativo y el más necesario en este mundo. Su pensamiento se ha transformado en marchas y protestas que han sido, asimismo, una pieza sustancial en la formación de la sociedad y de la comunidad LGBT.**

Las mujeres siempre han sido las primeras en tendernos su apoyo y su amor. Entre las tantas cosas que hemos aprendido, hoy sabemos que la *sororidad* es la clave de la unión y la unión hace la fuerza. A través de su ejemplo nos dimos cuenta de que somos más fuertes unidxs que atacándonos entre nosotrxs.

Y decimos esto no para apropiarnos de la palabra sororidad, sino porque aprendemos de ustedes y actualmente su conversación de verdadera empatía y de hermandad nos hace revisar actitudes tóxicas dentro de nuestra propia comunidad.

¡Muchas gracias, hermanas!

Capítulo

6

Modern sex

En teoría romántica sabemos

que si uno está bien, entonces la pareja lo estará (y el otro también estará bien, si es que es un poliamor).

Sin embargo, con el tema de la salud esto no aplica de ninguna manera.

SALUD SEXUAL 2.0

La salud sexual es de cada quien y depende siempre de unx mismx. No puedes depender de alguien más para tomar decisiones sobre esto.

Es necesario que tomes al torero por los huevos y te hagas cargo de tu salud, de mantener sano tu cuerpo. Y, por supuesto, **todos lxs miembrxs de tu relación deben hacer lo mismo.**

Para estas cuestiones siempre tratamos de basarnos en información actualizada, sin estigmas y **con un enfoque positivo.** Esta vez, además de incluir información de Censida, fuimos con Ricardo Baruch, quien nos dirigió a una plataforma fantástica llamada Generación Viva. Búscala e infórmate.

Toda esta información se encuentra detallada y ampliada en **#SoySola**. Pero aquí o allá, sin importar tu situación sentimental, te invitamos a que acudas periódicamente con tu especialista médico y a que tu pareja también lo haga.

Recuerda actualizarte siempre porque la ciencia mejora día a día y en cualquier momento esta info podría seguir creciendo y cambiando. Aclaremos de principio que cuando nos referimos a la **SALUD SEXUAL** nos referimos a la definición actual con la que trabaja la **Organización Mundial de la Salud** (OMS), que dice:

> La salud sexual es un estado de bienestar físico, mental y social en relación con la sexualidad. Requiere un enfoque positivo y respetuoso de la sexualidad y las relaciones sexuales, así como la posibilidad de tener experiencias sexuales placenteras y seguras, libres de coerción, discriminación y violencia. Para lograr y mantener la salud sexual, los derechos sexuales de todas las personas deben ser respetados, protegidos y cumplidos.

Toda esta argumentación existe respaldada en los **DERECHOS SEXUALES** y esto es lo que dice la OMS sobre ellos:

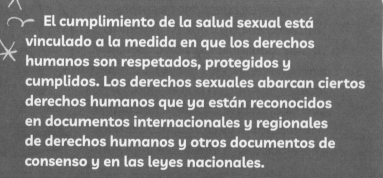

> **El cumplimiento de la salud sexual está vinculado a la medida en que los derechos humanos son respetados, protegidos y cumplidos. Los derechos sexuales abarcan ciertos derechos humanos que ya están reconocidos en documentos internacionales y regionales de derechos humanos y otros documentos de consenso y en las leyes nacionales.**

Los derechos sexuales y algunos datos complementarios los podrás encontrar en *#SoySola* y en la página oficial de la OMS. Por favor, revísalos. Independientemente del nivel de compromiso que tengas con tu(s) novix(s), estos derechos son individuales.

HÁGANSE LA PRUEBA

Si eres parte de una pareja o un poliamor cerrado, las infecciones de transmisión sexual (ITS) deberían ser nulas casi siempre; si tienen pactos de exclusividad y fidelidad, entonces el circuito nunca se rompe. Sin embargo, repetimos que no puedes depender de alguien más para tomar decisiones sobre tu salud sexual. Muchas parejas son infieles y no te avisan cuando lo son, así que no está demás hacerte tus pruebas de ITS de vez en cuando.

Si eres miembro de una pareja o poliamor abierto, con mucha más razón: ¡chéquense! Puede ser que entre ustedes conozcan su estatus de ITS, pero allá afuera con el de Grindr, con el de la escuela, con el del *crossfit*, con el del trabajo... puede que lleguen a perder la cuenta. Uno nunca puede estar 100% seguro de la salud sexual de las demás personas. **¡Cuídate, cuida a tu pareja y cuidémonos entre todxs!**

El mejor método de prevención es el condón, así que si ustedes son apóstoles del *bareback*, con muchísimos más motivos, háganse la prueba y empiecen a investigar sobre PrEP. Hay muchas pruebas gratuitas que puedes solicitar en centros de salud o instituciones de salubridad similares. **¡Agarra a tu pareja y llévatela para examinarse, por favor!**

> Estos mecanismos de prevención son un empoderamiento desde la salud sexual. Tienes que mantenerlos como pilar de ti mismx y de tu relación.

 **PEPE:**

¡NO HAY QUE PREOCUPARSE, HAY QUE OCUPARSE!

 **TEO:**

PROCURARSE EN LA SALUD Y EN LA ENFERMEDAD ES ALGO QUE USTEDES DECIDEN.

DATO:

En las estadísticas de infecciones de ITS, los grupos más afectados son las mujeres trans, después los hombres gays, luego los hombres «heteros» que tienen sexo con hombres y por último las mujeres que tienen sexo con esos hombres «heteros».

 Ya sabes que algunos ignorantes creen que no son homosexuales porque no son amanerados ni penetrados, y confían en que no van a adquirir VIH o alguna otra ITS, porque «esas son enfermedades exclusivas de los gays».

Estos señores son el peor problema.
Ellos adquieren la ITS de algún amante o
acostón y, al no protegerse ni cuidar
de su salud sexual, terminan infectando
a sus mujeres.

 Además, como aún no son bien arropadas por
la sociedad, a las mujeres trans se les niegan
muchísimas posibilidades de trabajo y esto las orilla
a tener que realizar trabajos sexuales. Todo se vuelve
un círculo vicioso.

> Por eso, si tuviste un encuentro
> extraoficial sin protección, te checas y
> le dices a tu novix.

LA HORA DE LA VERDAD

Digamos que tu pareja o tú rompieron el compromiso,
volvieron y reconstruyeron su vida siguiendo tan felices
como antes y se están convirtiendo en una pareja abierta
para dar más placer a su vida. ¡Bien, mamonas! Rehicieron
sus aspectos psicológicos, afectivos, mentales, y ahora van
por el bienestar de su salud. Abordemos los escenarios
reales.

**Ya te la hiciste, se la hicieron y alguien salió reactivo
en los resultados.** Ya sabes qué ITS tienes o tiene tu pareja,
así que es hora de ocuparse. ¡Calmadxs todxs porque en
esta época es más fácil sobrellevar una ITS!

Independientemente de que alguien adquirió un ITS y es el «foco de infección», no deben buscar culpables, sino buscar atender y tratar la infección. **Sigan el tratamiento que les indique su médico.**

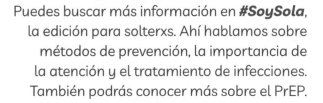

Puedes buscar más información en **#SoySola**, la edición para solterxs. Ahí hablamos sobre métodos de prevención, la importancia de la atención y el tratamiento de infecciones. También podrás conocer más sobre el PrEP.

Lo importante después de investigar y acudir con tu médico es seguir el tratamiento y resolver tu situación mental y sentimental.

Es difícil no culparte o culpar al otro, lo entendemos, así que debes hacer un ejercicio de reflexión para entender tu situación; saber si perdonas, si continúa la relación, si siguen bien pero separados, en síntesis: qué pasa con ustedes.

Reconócete y decide si vale la pena seguir con tu pareja, independientemente de cómo haya ocurrido el contagio. Si en verdad fue una equivocación, si pueden sobrellevar esto juntxs, si siguen amándose cada quien a sí mismx a pesar de vivir bajo esta nueva dinámica, entonces sigan experimentando, pero ahora sí: mucho cuidadito.

Pero bueno, vamos a sacudirnos tantito la seriedad. Ya somos más responsables, nos amamos y queremos hacer el delicioso de las maneras más alocadas que se nos ocurran.

PEPE & TEO

FANTASÍAS SEXUALES DE AYER Y HOY

Ya se los dijimos a las hermanas solteras: vayan a ver todo lo que chismeamos sobre este rico tema. Las fantasías sexuales son todos los escenarios sexosos que te imaginas cometiendo con tu pareja o alguienes más. **¡Eso, mi aventurera!**

No hay ninguna lista de fantasías porque son tan infinitas como la propia imaginación, pero **sí hay límites que se respetan,** sobre todo los dos más importantes: **los de tu pareja y los de la ley.**

Se vale vestirse de Santa Claus y de duendecillo y hacer la fechoría en tu casita mientras la señora Claus está mirando.

No se vale vestirse de Santa Claus y duendecillo para hacer fechorías abajo del árbol del Zócalo mientras las abuelas de México te están mirando.

Si en tu imaginación puede suceder esta fantasía, si puede vivir dentro del marco legal y si de manera consensuada por ambxs (o más) quieren cumplirla, ¡pues hagan que suceda su fantasía!

¿QUÉ TANTO TE GUSTARÍA INVITAR A UNA TERCERA PERSONITA PARA QUE TU PAREJA Y TÚ DISFRUTEN UN ENCUENTRO SEXUAL?

¿Y SI NO ME BASTA CON UNO? ¿Y SI QUIERO UNA FIESTA DE CUERPOS EN SUDOR?

 EEELLA, ¡LA INTRÉPIDA!

SEXO EN PAREJA

Antes de que hablemos de las varias y variadas experiencias sexuales de tu vida más allá de la pareja, vayámonos a lo más básico.

Existen, como ya hemos comentado, parejas que están compuestas por personas devotas la una de la otra. Es decir, son monógamas y esto les brinda confianza, felicidad, y eso es lo que buscan

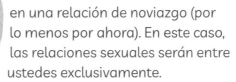

en una relación de noviazgo (por lo menos por ahora). En este caso, las relaciones sexuales serán entre ustedes exclusivamente.

Sabemos que parece una sentencia, pero en realidad abundan las parejas que encuentran la felicidad en entregarse sin necesidad de aventarse un trío o una orgía.

Únicamente les reiteramos que si esta es su decisión, hablen muchísimo entre ustedes acerca del tema: qué le gusta a tu pareja, qué te disgusta a ti. Te gusta en cierta posición, se les dificulta alguna otra, hay lugares, olores, sabores o experiencias que aún no hayan probado y que quieran llevar a cabo… En fin, habrá un montón de preguntas que deberán hacerse para mantener sus relaciones sexuales sanas y satisfactorias para ambos. Muy tradicionalitxs y todo, pero no dejen que el tema del sexo se convierta en tabú.

Recuerda que el amor y la monogamia no están peleados con la experimentación ni con atreverse a ser un poquito más salvaje y sucix en la cama.

 **TEO:** ALGUNA NOCHE PRUEBEN SER LA PAREJA MÁS MELOSA Y ROMÁNTICA, CON VELAS Y PÉTALOS DE ROSAS, CANCIONES DE ADELE DE FONDO Y HÁGANSE EL AMOR COMO SI ESTUVIERAN EN MEDIO DE UN BOSQUE ENCANTADO.

 **PEPE:** Y POR LA MAÑANA, PRUEBEN SER UN PAR DE VAMPIROS QUE SE DEJAN LLEVAR POR LAS PASIONES CARNALES, DENSE UNAS NALGADAS Y GRITEN GROSERÍAS TAN FUERTE QUE AL DÍA SIGUIENTE SE SIENTAN APENADOS CON SUS VECINOS POR EL ESPECTÁCULO QUE DIERON DESDE SU CAMA (COCINA, AZOTEA O BAÑO).

Las posibilidades son y deberán ser infinitas para que, además del amor tan grande que se tienen, el sexo sea una de las cosas que más disfruten el uno del otro. Y si ya subieron sus niveles sexuales, confían en sí mismxs y quieren experimentar más, pues...

TRÍOS Y ORGÍAS

El trío es cuando invitan a un miembro más para compartir su camita (no precisamente para dormir). **La orgía** es cuatro o más seres humanos que se dan en varias rondas de pasión todes contra todes.

Puede ser que tú quieras dar, tu pareja recibir y el nuevo miembro solo dar, recibir o mirar. **Recuerda que el chiste es disfrutar el momento con tu(s) esposx(s).** Si sientes que alguien se está atascando de más y no hay un previo aviso de esto, háblenlo para que todo el placer sea equitativo.

Obviamente, en cuanto quieras puedes dar por terminado el encuentro.

En esta parte, más que hablarles de las características de las orgías y tríos, les queremos dar unos tips del proceso para lograr cualquiera de estas prácticas, porque la disfrutación del deli debe quedar en ustedes y lo que se les antoje. Para que salga bonito, vamos paso por paso, bebé:

1. **Si alguien de la pareja trae ganas, mencionará el tema poco a poco.**

Tal vez tú lo insinúas mientras ven una película o dices chistecitos. Pon atención a tu pareja para que vayas tanteando el terreno. Si desde el principio te dice que se le antoja, ya la hiciste. Si ves que su reacción es más o menos indiferente, trata de convencerla (siempre por las buenas). Pero si de plano te dice que no, pues ya ni modo.

2. **Ya que acordaron hacerlo, tomen en cuenta sus reglas.**

Pueden hacer la tríada para celebrar una ocasión especial (cumpleaños, aniversario, el día de la bandera, etc.) o fijar un encuentro al mes, allá ustedes. En otro sentido, lleguen a acuerdos sobre si participan lxs tres, si unx es el árbitro, si se le da permiso de participar en uno y no quieres enterarte, si participan solo manualmente. Sea cual sea, ¡hagan sus reglas y siempre respétenlas!

3. **Contacten a su tercer participante en lugares seguros.**

En la web, en los antros, en los saunas, habrá interesadxs donde sea. Siempre cotejen sus opciones con otros comentarios, platiquen con la comunidad y acudan a los encuentros siguiendo las reglas del lugar. Cuando sientan que algo anda mal, lo paran o se van. No pasa nada.

4. **Estén conscientes de que solo es sexo.**

Este es el aspecto más complejo e importante. Únicamente se trata de buscar una experiencia erótica y fugaz. No debe malinterpretarse. No es como si no se tuviera suficiente placer con la pareja, ¡no se malviajen! Esto es solamente otro tipo de fechoría divertida y casual.

No malinterpreten nada. Es más, ahora que ya pasaron a tener un compromiso más concreto de pareja, que se aman a sí mismxs y entre sí, les puede suceder que en un bar alguien del #SoySolaArmy, que leyó la edición para solterxs y está vestida de amor propio, les eche miraditas porque tu pareja y tú le gustan. ¡Pues ya, invítenlx y comiencen a tender la cama para un trío!

Luego esas amigas están tan experimentadas que pueden conducirte junto a tu pareja para que, entre lxs tres, cuatro o ∞, sientan fuegos artificiales en la cama. Además, este tipo de celebraciones sexuales casi siempre corresponden a condiciones estrictas, o sea, se reservan el derecho de admisión no solo por número de parejas, sino por tribus o fetiches.

Buscar una orgía saludable y responsable cada vez es más sencillo. Pregunta a tus amikes de la comunidad, busca en Facebook o crea tu propio evento con *save the date* y todo.

TEO: SOLO ASEGÚRENSE DE SERVIR LOS BOCADILLOS FINOS Y DE QUE EL VINO SIEMPRE ESTÉ BIEN FRÍO.

PEPE: A MÍ ME GUSTA EL ROSADO. ¡NACIERTA! TAN SOLO VAYAN AL EVENTO QUE TENGA TODAS LAS CONDICIONES PARA QUE ESTÉN CÓMODAS Y COMELONAS O CREEN USTEDES MISMAS EL QUE SIEMPRE HAN SOÑADO.

TRIBUS Y FETICHES SEXUALES

A ver: todos los grupos cuyos individuos comparten ciertos códigos y comportamientos físicos y gustos estéticos se denominan tribus sexuales. Para pertenecer a ellos es necesario cumplir con ciertos requerimientos.

Tú y tu pareja podrían encajar en alguno de estos perfiles sin saberlo, pero solo formarán parte cuando se asuman como miembros y entren en contacto con otros seres parecidos. Si son nuevas en el tema, pueden revisar el capítulo correspondiente en #SoySola. Ahí los detallamos un poco más para nuestras amigas solteras, pero tribu es tribu y los siguientes dibujitos hermosos les permitirán ilustrar todo mejor:

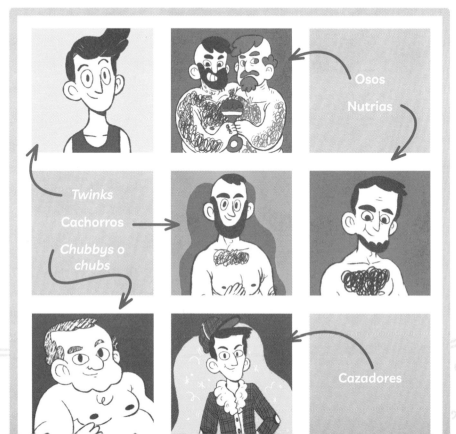

Osos
musculosos

Lobos

Osos polares

Daddies

Papás osos

Musculocas

Gaymers

Si ya saben más o menos cuál es su grupito
sexual y quieren realizar investigación de campo,
encuentren su tribu y convivan.

PEPE:

¡MIAAAAAAU!

TEO:

*RUGE, SE LAME LA
PATITA Y DESPUÉS
RONRONEA*

Aunque ustedes como pareja sean diferentes,
convivan con cada una de las tribus de sus parejas. No
importa si tú eres un lobo y tu pareja es un *chubby*,
vayan a encuentros de cada tribu y compartan lo que
quieran con quien quieran.

Si todo esto no les parece
interesante, el siguiente nivel quizá
tampoco sea para ustedes, pero
siempre hay algo que se nos antoja
y no hemos probado, nunca falta el
#gustoculposo. Ténganlo en mente
por si más adelante quieren ponerle
un poquito de chilito del que pica a
su relación.

FETICHES

Para entender los fetiches, primero veamos qué es una parafilia. **La parafilia** es cualquier tipo de fijación erótica hacia objetos, partes del cuerpo o individuos con particularidades físicas. Así que, en un sentido estricto, **el fetichismo pertenece al mundo de las parafilias.**

El **fetichismo sexual** es la fijación hacia algún objeto o prenda física, pero con una connotación erótica y orgásmica.

Ahora, en nuestra época de generación Z (guiño), si alguien te habla de fetichismos y te pone como ejemplo alguno de los siguientes, tú ya sabes que tan solo es el término popular, así que escucha y sonríe.

BDSM:

Este es un clásico, uno de los fetiches preferidos y más populares, que se puede practicar en pareja una noche en que se les antoje subir el tono de la fechoría. Abarca varias disciplinas que se unen de manera muy natural y erótica:

Bondage y **Disciplina** es un término asociado a las ataduras u otros métodos de restricción y amarre de la cuerpa para erotizarla.

La Dominación y Sumisión son prácticas en las que alguien adopta el rol dominante y ejerce el poder sobre un sumiso que lo recibe. **Sadismo y Masoquismo** consisten en infligir cierto daño físico o verbal hacia tu pareja (consensuado y poquito para que les guste y no se asusten).

Furries:

Hablamos exclusivamente de una connotación de deseo o acto sexual en el que unx o ambxs se visten como animales afelpados o peludos. Como botarguitas que representan su animal espiritual.

Exhibicionismo:

Es la tendencia a mostrar los órganos genitales o todo el cuerpo desnudo en lugares públicos o de mucha concurrencia. En un sentido estricto, si no se desnudan pero se echan un rapidín en sitios con mucha gente, porque les da placer que los vean o que no los vean, pues tú y tu pareja son un par de exhibicionistas. ¡Aguas con la ley!

Puppy play:

Al igual que en los furries, acá también se disfrazan, pero de algún cachorrito de animal. Son la versión bebé de los furros. Sin embargo, no es necesario que se tenga una textura afelpada. Hay trajes hechos de látex y de cuero o de otro tipo de materiales. ¡Guau!

Frotismo:

Este fetiche se refiere a la acción inevitable de frotar el cuerpo propio o alguna parte de él con el de otra persona, para así obtener una sensación sexual aumentada. Estos roces pueden ser desnudos o vistiendo prendas de diferentes tipos de texturas. ¡No cuentan los que se dan en el metro SIN PERMISO!

Voyerismo:

Cuando se obtiene una excitación sexual al observar personas desnudas o teniendo relaciones sexuales. Esto a veces implica que el mirón se una al encuentro sexual, pero la mayoría del tiempo solo se queda como espectador.

Fetiches específicos con partes del cuerpo:

Axilas, pies, manos, dedos, etc. No hay que acotar más. Tan solo se tiene una obsesión por ver, acariciar, besar, lamer, morder y hasta eyacular en alguno de estos lugares específicos.

Salirofilia:

En esta actividad, las personas obtienen placer erótico cuando ensucian, manchan o denigran un individuo.

Fisting/footing y *prolapsing*:

El primer término, *fisting*, refiere al acto de insertar todo el puño por la vagina o por el ano; el segundo, *footing*, obedece al mismo comportamiento, solo que aquí se utiliza el pie. Para el último término, *prolapsing*, hablamos de la acción de dilatar y/o abrir la cavidad anal hasta voltearla, lo que algunos llaman «voltear el calcetín». ¡Cristo nos agarre confesados!

Nosotros nunca alentaremos a que se infrinja la ley, así que identifica un fetiche favorito que no dañe a nadie y gózalo. Solamente acuérdate de que todo sea dentro de los derechos sexuales.

Nunca se vale que solo tú o tu pareja cumplan sus fantasías o fetiches sexuales. Compartan los papeles. **¡HAGAN UN EQUILIBRIO EN SUS ROLES!**

ROLES SEXUALES

Ya sabes, uno es dominante y el otro es el sumiso o hacen cambalache. **El poder es placentero.** Acá solo te vamos a recordar que esto tampoco es limitativo. Los roles sexuales pueden cambiar y ser distintos a sus roles de pareja. Es decir, independientemente de quién tenga la voz de mando (siempre hay alguien que dirige más que otrx en la relación), el rol sexual puede ser diferente.

Quizá tú eres toda rosa y te dejas llevar por tu pareja en el día a día, pero en la cama diriges: decides cómo te da, por dónde le vas a dar o cómo va a ser la noche de pasión. No queremos profundizar en más ejemplos porque serían muchísimos, solo debes entender que se puede coquetear e invertir de vez en cuando estos roles.

 **TEO:** TAMPOCO TE ESTAMOS DICIENDO QUE COMPRES CINTURONES DE PENETRACIÓN Y TE VAYAS A COGER A TUS NOVIXS...

 **PEPE:** BUENO, PUES SI QUIERES, PUEDES INTENTARLO.

 **TEO:** *LEVANTA LA CEJA Y TUERCE LA BOCA*

Más bien nos referimos a jugar con los papeles de sumisión y dejar que tú, hermana ganosa, mandes, pidas y dispongas del otro como quieras. **¡Exígelo!**

El placer en una relación debe ser igual. Ambxs deben estar de acuerdo al realizar cualquiera de estos menesteres sexuales. Si por cualquier motivo no se logran poner de acuerdo y esto comienza a afectar su actividad sexual cotidiana y después el vínculo afectivo, entonces hablamos de que no existe una compatibilidad sexual o amorosa.

INCOMPATIBILIDAD SEXUAL Y AMOROSA

Antes de seguir con este tema, es buen momento para recordarte que no naciste con tu pareja; que sin importar el tiempo que lleves con ella, solo comparten ciertos aspectos de su vida. Amándote a ti mismx como ya lo haces, no puedes ceder a pertenecer a una vida en la que el sexo o el amor no funcionan.

Incompatibilidad sexual

Por mucho que lx ames, por mucho que te ame, por mucho que se amen, si no existe una conexión sexual mínima, en cualquier momento esa relación se puede deteriorar o terminar.

Quizá lo ves y no puedes sino pensar que es perfectx, hace todo
bien y juntxs todo es más bello, pero en la intimidad algo no
funciona. Por supuesto que lo primero que deben hacer es hablarlo
y externar sus preocupaciones, deseos y querencias. Luego hay
que poner en práctica todo lo que acuerden. Si todavía no se
prende bien la mecha, acudan con un especialista en terapia
sexual de parejas. Podrían estar atravesando un crisis que puede
resolverse con un endocrinólogo, un psicoterapeuta o un chamán.
Ustedes encuentren lo que funcione mejor para la relación.

Pero si ya intentaron todas las recomendaciones, fetiches, tribus, juegos y aun así no llegan al orgasmo, es momento de tomar una difícil decisión:

✳ Continúan esa relación perfecta en todo, excepto en lo sexual, y se comprometen a trabajar esta situación hasta superarla o resolverla.

✳ Se vuelven una pareja abierta para buscar en otros seres ese placer carnal y hacen que todo lo demás siga increíblemente entre ustedes dos.

✳ O de plano se separan por el bienestar sexual de cada uno.

Solo tú sabes qué tan importante es el sexo en tu vida. Asimismo, entiende la importancia de este en la vida de tu pareja.

Para algunos

es imprescindible que haya sexo y orgasmos en una relación,

para otros no tanto.

De cualquier modo, esta incompatibilidad tiene otra variedad más irremediable.

Incompatibilidad amorosa

Tienes una pareja con quien llegas a los orgasmos más increíbles de tu vida; sin embargo, **ya no hay afecto o es muy escaso.** Se llevan muy bien en la cama, pero no dan una en situaciones comunes y cotidianas como salir a cenar, ir al cine, pasear o cualquier situación no erótica.

Maybe empezaron esta relación porque pensaron que, si podían hacer la fechoría, también podrían hacer el súper y se entenderían como pareja. Pero ya se dieron cuenta de que no es así y hay veces en las que los sexos se conectan muy bien, pero los corazones no tanto.

En esta situación, toda la dinámica normal de una pareja se convierte en una pesadilla, comenzando porque no se ponen de acuerdo en la película que eligen, ni en la comida que quieren, ni en casi nada que no tenga que ver con sexo, porque en la cama hasta sin hablar se comunican.

Afronta esta difícil situación: **tu relación solo está basada en sexo:**

 Tú sabes si sigues teniendo esta relación asentada únicamente en atributos y contextos eróticos.

Tú sabes si transformas esta relación y quedan como amigovixs, *fuckbuddies* o siguen siendo novixs, pero compartiendo tiempo y experiencias con otras personas.

 Tú sabes si de plano terminas la relación y te avientas de nuevo a cazar el paquete de compatibilidad perfecta: amor, sexo e intelecto.

No tengas miedo del tiempo que has «invertido». Infeliz no creo que hayas sido porque nunca te la pasaste tan mal, menos cuando lx montabas o se dejaba montar. **Piensa que el sexo es lo más fácil de encontrar y el amor solo cuesta un poquito más.**

Por ello debes acudir de nuevo a ti mismx, reconectarte contigo y, con base en el amor propio, tomar una decisión que te beneficie a ti.

Si sigues con tu pareja, trabajen juntos. Si no, termina todo cordialmente, date un *break* para reencontrarte a ti mismx y literalmente...

PEPE & TEO

¡Da da dale la vuelta a la página!

Capítulo

7

¡Eso, mamona!

Después de tanto, resulta que la relación termina o no va tan bien como esperabas.

¡SE NOS CAYÓ EL EVENTO!

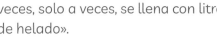

No importa. Antes de retomarla y tener sexo de reconciliación (muy salvaje y delicioso, pero confuso y pernicioso), recuerda lo que hemos trabajado juntxs a lo largo del libro: para que una pareja funcione, debes amarte a ti y luego a los demás.

No haremos a un lado lo que sientes, sabemos que la situación que vas a enfrentar es complicada: harta tristeza. ¡Te vas a recuperar!

Y probablemente piensas: «Ay, qué fácil echarme porras, pero ustedes no sienten este vacío que a veces, solo a veces, se llena con litros de helado».

Te entendemos y estamos contigo en cada lágrima y canción de Taylor Swift, pero deja de mortificarte por las razones de la ruptura: que si por engaño, que si por ser un par de tóxicas, que si por una desgracia de la vida o porque no hubo ningún drama (y tú querías drama), en cualquier caso la separación o la distancia son una realidad.

Esta transformación te genera incertidumbre, nervios, miedo y estrés. Bajoneadx y con el corazón roto, no quieres hacer nada más que seguir azotadx y crees que esa tristeza nunca se terminará.

Date el tiempo que quieras, pero poco a poco, paso a pasito, ve recuperándote.

La depresión puede encerrarte en una espiral de melancolía, **así que destrúyela con mínimas acciones diarias.** Te tiraste todo el día en la cama, entonces: mañana levántate para ir al baño, después asómate a la ventana, al día siguiente procura cocinar algo o salir a comer, más adelante intenta llorar en otro rincón de tu casa o en un parque (ji, ji, ji). Cómodamente ve abriendo tu rango de convivencia y, si te sientes un poco mal, regresa cuando quieras a tu refugio. Cuando te sientas mejor, otro *baby step*. ¡Así aclara toda esa oscuridad!

TEO: NUNCA NADIE SE HA MUERTO DE UN CORAZÓN ROTO.

PEPE: ¡Y TÚ NO VAS A SER EL PRIMERO!

Esto sucede todos los días en todas partes del mundo. No minimices tus sentimientos, pero tampoco te mortifiques creyendo que todo lo malo solo te pasa a ti. El punto está en seguir y encontrar, en convertirte en la persona con la que te sientes cómodo. Imagina que tienes que convivir contigo todo el tiempo, con o sin pareja, y lo que más quieres es que ese otro *tú* te haga sentir a gusto. ¿Ya te lo imaginaste? Pues deja de hacerlo y date cuenta de que es una realidad: contigo y tu figura, hasta la sepultura.

Bueno, también hay veces en que nos caemos mal, no nos entendemos y nos queremos volver Britney pelona. Suelta el rastrillo y baja ese bate de beisbol: hay otras maneras de sobrevivirnos a nosotrxs mismxs y son muchas, por ejemplo:

1. **Terapia.** Hablar de ti con alguien que ni te quiere ni te conoce puede ayudar bastante.

2. **Nuevos *hobbies*.** Comenzar algo desde cero por diversión y tener pequeños logros hace mucha diferencia en nuestras vidas.

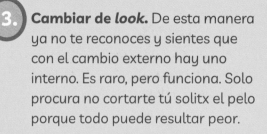

3. **Cambiar de _look_.** De esta manera ya no te reconoces y sientes que con el cambio externo hay uno interno. Es raro, pero funciona. Solo procura no cortarte tú solitx el pelo porque todo puede resultar peor.

4. **Y, nuevamente, ir a terapia.** Recuerda que no hay nada malo en buscar ayuda profesional. De hecho nosotros creemos que TODXS deberíamos ir con un especialista. ¡Que viva la salud mental!

PEPE: LO QUE YO HAGO EN ESTOS CASOS ES VOLVER A CONSENTIRME PARA REENCONTRARME.

De nuevo haz cosas que te gusten, cualquier labor para mimarte. Sabemos que te sientes perdida, reencuentra tu camino y continúa. **Tú quieres vivir tu vida y no la de alguien más.**

¡SE NOS CAYERON EL EVENTO, EL VESTIDO Y TODOS NUESTROS SUEÑOS!

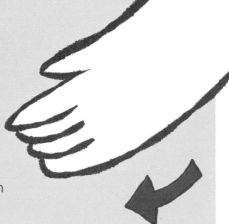

De plano no funcionó el reencuentro, el sexo de reconciliación estuvo rico pero no bastó (nunca basta, bebé, apréndelo ahora), ya viste todo el catálogo romántico de Netflix, tanto helado te tiene el estómago deshecho y la relación terminó definitivamente.

¿Sabes qué? No pasa nada, usa estas hojas para secar tus lágrimas y deja que te acompañemos un ratito en tu dolor. Por lo pronto... **Vuélvete a enamorar de ti misma haciendo cosas que te llenen y te nutran.**

Es común que quieras dejar a tu expareja atrás y enamorarte de inmediato de una persona distinta. No está mal, pero primero acaba con los fantasmas del pasado para no arrastrar mañas ni heridas del ayer. Afronta todo con **el amor propio como base,** ya sea que venga un largo tiempo de soltería o que de inmediato encuentres a una persona especial.

¿Cómo? ¿Que tú sigues lee y lee cosas tristes, pero no te identificas porque tu relación de pareja sigue funcionando bien y son felices?

Atención, mis queridas hermanas, atención:

¡AQUÍ HAY UNA PAREJA ESTABLE Y MADURA!

TEO

De esas que aprovechan la energía del amor propio y la comparten para cumplir sus metas personales, profesionales y económicas. ¡Encuentran el equilibrio en todo! Cumplen sus objetivos individuales y apoyan a su pareja con los suyos. Contribuyen activamente a ese estilo de vida que tanto les gusta y se fijan nuevas metas.

Son una pareja que nunca se autoexplota ni se deja explotar para mantenerse «fuera de riesgos», **siempre procuran tener dos tiempos: uno para estar juntxs y otro para estar solxs.**

**Comparten y celebran
su vida con lxs amikes y la familia.**

Nunca descuidan sus demás relaciones. Mucho menos si ellxs lxs han apoyado, pues lxs quieren de verdad (y con quienes no, tratan de llevar la fiesta en paz); siempre conviven sanamente: con sus propios padres, hermanxs, primxs, amigxs y, a su vez, con los de su pareja. Cualquier experiencia junto a sus seres queridos es grata debido a los lazos que los unen.

¡Vivan las familias!
¡VIVA TODO TIPO DE FAMILIAS!

Se hicieron de un nuevo *hobby*, deporte, meta académica o artística.

¡Como cada quien es chingón/chingona, juntxs están devorándose al mundo! De nuevo a la Frikiplaza a retomar la compra de manga y figuras de colección. Vengan esas clases de bachata que dan gratis en el kiosco del parque. Es momento de inscribirse al club para practicar la novedosa disciplina del aqua tai chi y darse un paseo por el sauna de vez en cuando (guiño, guiño), ¡lo que sea! Es hora de terminar sus estudios o aprender un idioma para visitar el país que tanto adoran. ¡Kawaii!

Hagan lo que hagan, saben que la felicidad yace en sus propias decisiones, y cuando la pareja los apoya, tienen a alguien con quien compartir esa felicidad.

No se presionan.

Si viven en un lugar de mentalidad conservadora —algo común fuera de las grandes ciudades—, aguantan la presión social y siempre responden ecuánimemente:

Nunca olvidan quiénes son, de dónde vienen y hacia dónde van.

Comprenden sus necesidades desde una perspectiva inclusiva y trabajan en equipo para alcanzar las metas que tienen en pareja.

Hacen todo esto y son felices...
We're lovin' it!

PEPE

AY, YA, EL ÚLTIMO RECORDATORIO DE SUS TÍAS FAVORITAS Y NOS VAMOS:

TEO

**¡Vivan, crezcan y amen a partir
del sentido de comunidad!**

Disfruten las calles como cualquier pareja heterosexual lo haría, ocupen los espacios públicos, hagan lo que se les antoje y demuestren que la felicidad no depende de ningún sistema. Así, cualquiera que esté en contra tendrá dos opciones: deconstruirse, cambiar y respetar, o quedarse calladito y respetar. Ayudemos a todas nuestras hermanas para que hagan lo mismo; con o sin pareja, pero siempre juntas.

Y tú, amiga que pasa por un momento de desamor: no dejes de crear comunidad solo porque te rompieron el corazón, la comunidad te devolverá el amor que deposites en ella.

El patriarcado, como el perreo, siempre hasta abajo. ¡Enfrenta todos estos tabús y mitos mostrándote plena, de manera individual y en pareja!

EL AMOR ES MÁS FUERTE

Si después de leer todo esto modificaste algunas dinámicas que no eran las más sanas, ¡increíble! ¡Ese es el propósito de este libro!

Que cada quien se ame a sí mismx para sumar ese amor a su relación. Es más, tan solo la intención de leer este libro es una clara señal de que están dispuestxs a trabajar para mejorar la relación de pareja. Ahora dense un besito y recuerden que pueden volver si algo no anda muy bien, aquí estamos sus tías para cobijarlas.

¡UN ÚLTIMO APAPACHO!

Si al final de este libro, entre los test «profesionalísimos», las risas que compartiste con tu pareja y las nuevas metas que consideren juntxs, acuerdan que siempre debe existir comunicación permanente, respeto, amor por la otra persona y, además, esto les emociona, entonces ya ganaron todo.

Cómanse a besos, viajen en la mente del otro, vivan el tiempo a su manera, disfrútense y regálense —desde el fondo de su corazón— cualquier flor que encuentren en su camino. Lo único que importa es que están construyendo su mundo con los cimientos del amor. Recuerden vivirlo y disfrutarlo plenamente con todas las bendiciones y la prosperidad que se merecen.

¡Y recuerden siempre que lxs amamos!

En la siguiente página encontrarán nuestra última sorpresa de este libro: un certificado de amor propio avalado por la notaría elegebetista PEPE&TEO de lo familiar no. 69 bis "C".

Es muy importante para nosotros que se comprometan a firmar, antes que con nadie, el compromiso que tienen con su persona.

Escriban lo siguiente en un lugar visible:

¡EL AMOR EMPIEZA CON UNX MISMX!

Si están listxs

y deciden firmar,
no olviden compartir
una foto con nosotros y
con toda nuestra hermosa
comunidad en redes.

Utilicen #NiTanSola

para presumirnos este
compromiso y animar a
otros bebés de luz a que se
acepten y se amen como son.